explora!

Heft 6

Seneca | Epistulae morales
Philosophie als Lebenshilfe

C.C.Buchner Verlag • Bamberg

explora!

Herausgegeben von Thomas Doepner, Marina Keip und Antje Sucharski

Heft 6 Seneca, Epistulae morales
wurde bearbeitet von Susanne Aretz, Thomas Doepner und Marina Keip

Zu dieser Lektüre sind erhältlich:
Digitales Lehrermaterial click & teach Einzellizenz, Bestell-Nr. **432161**
Weitere Lizenzformen (Einzellizenz flex, Kollegiumslizenz) unter www.ccbuchner.de.

Bildnachweis
AdobeStock / lisakolbasa – Cover; akg-images / bilwissedition – S.29; - / Eric Vandeville – S. 7; - / Erich Lessing – S.20, 32, 46; - / Nimatallah – S.17; Alamy Stock Photo / Martin Bache – S. 13; - / Pictorial Press Ltd – S.45; - / The Picture Art Collection – S.19; bpk-Bildagentur / Antikensammlung, SMB, Johannes Laurentius – S.4; Bridgeman Images / Christie's Images – S. 6; - / Fred Yates – S. 44; GDKE / Rheinisches Landesmuseum Trier, Thomas Zühmer – S. 16; Getty Images Plus / iStockphoto, DenKuvaiev – S. 27; iStockphoto / GoodLifeStudio – S.26; - / Kostiantyn Filichkin – S. 3, 6, 11, 20, 23, 28, 35, 45; - / Michael Derrer Fuchs – S. 26; - / Oliver Hasselluhn – S. 26; - / tenten – S.28; Thomas Doepner – S. 46; Mauritius Images / Alamy Stock Photo, M.Flynn // © Salvador Dalí, Fundació Gala-Salvador Dalí / VG Bild-Kunst, Bonn 2024 – S. 9; picture-alliance / Artcolor – S.40; / COLLECTION CHRISTOPHEL – S. 4; Universitätsbibliothek Heidelberg, "Vegetarier-Poesie", in: Fliegende Blätter, Nr. 2112:24 – S. 42; SDG-Banner / United Nations - www.un.org/sustainabledevelopment, the content of this publication has not been approved by the United Nations and does not reflect the views of the United Nations or its officials or Member States – S. 36.

1. Auflage, 1. Druck 2024
Alle Drucke dieser Auflage sind, weil untereinander unverändert, nebeneinander benutzbar.
Dieses Werk folgt der reformierten Rechtschreibung und Zeichensetzung. Ausnahmen bilden Texte, bei denen künstlerische, philologische oder lizenzrechtliche Gründe einer Änderung entgegenstehen.

BAMBERGER WORTSCHATZ

Redaktion: Katrin Brogl
Illustrationen: Theresa Sucharski
Layout und Satz: ideen.manufaktur | bochum
Umschlaggestaltung: tiff.any GmbH
Druck und Bindung: Brüder Glöckler GmbH, Wöllersdorf

www.ccbuchner.de

ISBN 978-3-661-**43206**-9

Inhaltsverzeichnis

Salvete, cari lectores,

Philosophie als Lebenshilfe ist damals wie heute notwendig. Die Episteln, die in dieses Arbeitsheft aufgenommen worden sind, versuchen, Ihnen ein Bild von Senecas Lebensphilosophie zu vermitteln. Am Anfang steht der komplette Zeitbrief als programmatische Eröffnung. In den ausgewählten Briefen behandelt Seneca praktische Alltagsfragen philosophisch oder erklärt die Philosophie der Stoa praktisch, immer mit Blick auf den Adressaten Lucilius. Er ist der Stellvertreter aller Leser Senecas und damit auch von uns. Senecas Aussagen sind so konkret und gleichzeitig so zeitlos, dass er Sie alle sofort damit erreichen wird.
Vor Ihnen liegt ein Arbeitsheft! Also: Schreiben Sie hinein, strukturieren Sie, markieren Sie farbig, ergänzen Sie und kommentieren Sie Ihren Arbeitsprozess.
Es gibt dabei folgende Arbeitsbereiche, die durch Farben und Symbole voneinander abgetrennt sind.

1. **Einführungskapitel** und abschließende Interpretationsaufgaben am Anfang und Ende des Heftes geben den „Roten Faden" der Lektüre vor.
2. **Texterschließung:** Als Einstieg in den Text helfen Ihnen Texterschließungsaufgaben, rasch einen ersten Ein- und Überblick zu erhalten.
3. **Übersetzungsfragen:** Für die Detailübersetzung gibt es zur Wiederholung und Vertiefung der Grammatik und des Wortschatzes Aufgaben, die begleitend erledigt werden können. Das kann zu Hause oder während des Unterrichts in freien Arbeitsphasen geschehen. Ihre Lehrerin oder Ihr Lehrer geben Ihnen sicherlich Tipps, welche Aufgaben für Sie geeignet oder wichtig sind. Was und wie viel übersetzt werden soll, entscheidet die Lehrerin oder der Lehrer.
4. **Interpretation:** Die Interpretationsaufgaben dienen sowohl dazu, den Text besser zu verstehen, und zu überlegen, ob die Themen heute noch aktuell sind. Darüber hinaus möchten wir Sie anregen, selbst philosophisch aktiv zu werden und zu schreiben.

Sammelfolien: Damit Sie bei der Arbeit den Überblick nicht verlieren, gibt es Sammelfolien, die herausgenommen werden können und begleitend – nach der Lektüre jedes Briefes – ausgefüllt werden sollten.

Bei sorgfältiger Auswahl und Bearbeitung der Aufgaben eines Kapitels ist es sehr gut möglich, die Texte eigenständig – auch im Selbststudium – zu erarbeiten.

Wir wünschen Ihnen viel Erfolg und würden uns freuen, wenn Sie Seneca auch für Ihr eigenes Leben als Lebenshilfe gebrauchen können.

L. Annaeus Seneca – Biografie und Rezeption

Doppelherme des Seneca mit Sokrates, 3. Jh. v. Chr., Staatliche Museen zu Berlin.

L. Annaeus Seneca gehört zu den wenigen Autoren der Antike, deren Texte noch heute in fast jeder Buchhandlung zu finden sind – und die von allen, selbst von Managerinnen und Managern, gelesen werden. Über ihn selbst weiß man wenig: Er hat zwar viel geschrieben, aber Persönliches nur ganz wenig. Eine seltene Ausnahme findet sich in epist. 108 (→ Text 12). Schon in der Antike gab es keine Biografie von Seneca.
Senecas Geburtsjahr wird auf ca. 1 n. Chr. geschätzt. Die Familie kam aus der Provinz, geboren wurde er in Corduba (im heutigen Spanien).
Sein Vater war Ritter; er achtete sehr auf die Bildung und die Erziehung seiner Kinder. Zwar stieg Seneca in den Senat auf, sein Talent lag aber in der Sprache und Literatur. Er war Schriftsteller verschiedener Gattungen, berühmter Redner, Philosoph und schließlich auch Erzieher und Berater des Prinzeps Nero. Zeit seines Lebens stand Seneca in engen Beziehungen zum Kaiserhof, allerdings mit wechselndem Geschick: Berühmt geworden unter Caligula wegen seiner Reden musste er unter Claudius ins Exil nach Korsika. Neros Mutter Agrippina holte ihn wieder zurück. Er stieg zum einflussreichsten Mann unter Nero auf und erwarb sagenhaften Reichtum. Als sein Einfluss schwand, verzichtete er auf sein Vermögen und zog sich ins Private zurück. Im Zuge der Pisonischen Verschwörung erhielt er den Befehl Neros, sich selbst umzubringen. Er starb 65 n. Chr..

Lehrer und Schüler: John Malkovich in der Rolle des Seneca (l.) und Tom Xander als Nero. Szene aus dem Film „Seneca", 2023.

Seneca ist von der Nachwelt immer unterschiedlich wahrgenommen worden. Cassius Dio sagte einerseits, er übertreffe alle Römer sowie auch viele andere Menschen an Weisheit, andererseits meinte er, seine Lebensführung habe seiner Lehre widersprochen (Römische Geschichte, 59,7; 61,10). Hieronymus (Kirchenvater, 349-420 n. Chr.) stellte Seneca in der Spätantike als einzigen Römer auf eine Stufe mit den Christen. Seneca selbst scheint sich am Lebensende seiner selbst sicher gewesen zu sein. Tacitus überliefert seine letzten Worte an die Freunde, bevor er sich auf Befehl Neros die Pulsadern öffnen ließ. „Er hinterlasse ihnen das einzige und dennoch Schönste, was er besitze, nämlich das Bild seines Lebens; wenn sie dieses in Erinnerung behielten, würden sie den Ruf einer sittlich einwandfreien Haltung als Frucht ihrer so beständigen Freundschaft einbringen." (Tacitus, Annalen XV 62)

I1

Informieren Sie sich über die Person Senecas. Gestalten Sie dann „das Bild seines Lebens" (als Podcast, Präsentation, Flyer, Plakat ...). Greifen Sie dafür neben Texten auch auf Darstellungen, z. B. der bildenden Kunst, zurück.

Neben den prosaischen Schriften hat Seneca auch Tragödien veröffentlicht, die zeigen, was Affekte bei den Menschen bewirken. Außerdem ist eine Satire auf den Tod des Kaisers Claudius (Apokolokyntosis = Verkürbissung statt Apotheose = Vergöttlichung) erhalten. Dass Seneca gleichzeitig zur offiziellen Trauerrede die satirische Abrechnung mit dem Herrscher verfasste, zeigt die grundsätzliche Ambivalenz zwischen Senecas philosophischem Anspruch und der Wirklichkeit seines Lebens: „Ob der (Kaiser Claudius) das gemacht hat, weiß ich nicht: Sicherlich hat er in seinem Leben nur ... gemacht." (Seneca, Apocolocyntosis 4,3)

Senecas prosaische Schriften orientieren sich stilistisch alle mehr oder weniger an der philosophischen **Diatribe** (griech. Zeitvertreib). Dazu zählen alle 10 Dialoge (darunter Trostschriften, über das Glück, die Kürze des Lebens etc.), die Schriften über die Milde, die Wohltaten und die Naturforschungen und natürlich die 124 Briefe an Lucilius.
Der **Adressat Lucilius** wirkt in den Briefen so real (Ritter aus Campanien), dass man glauben könnte, es hätte in wirklich gegeben, aber historische Belege gibt es dafür nicht.

Merkmale der Diatribe
Lockerer Vortragston, persönlicher Bezug, Behandlung von Gedanken der praktischen Ethik, Laien als Adressaten, keine Fachsprache und Systematik, eher assoziative Reihung, Beispiele, Anknüpfen an Aktuelles, Zitate, Anekdoten, Einwürfe eines fiktiven Gegners (fictus interlocutor), zur Erbauung, Ermahnung und Erziehung.

I2 Sie kennen sicherlich schon Texte zu philosophischen Themen. Erklären Sie, warum Seneca die Gattung „Briefliteratur" wählt. Überprüfen Sie diese Vermutung am Ende der Lektüre. Welches Medium würde man wohl heute nutzen?

I3 Sammeln Sie während der Lektüre Beispiele für die Kennzeichen der Diatribe und der Stilmittel. Tragen Sie Ihre Ergebnisse in die Sammelfolie „Senecas Stilistik" ein.

Folgende **Stilmittel** kommen in den Briefen besonders häufig vor: Anapher, Antithese, Asyndeton, Brevitas, Chiasmus, Epipher, Hendiadyoin, Klimax, Metapher, Oxymoron, Paradoxon, Parallelismus, Polysyndeton, Repetitio, Rhetorische Frage, Sentenz, Trikolon, Vergleich.

Philosophie in Rom

Die hellenistische Philosophie umfasst ungefähr die Zeitspanne zwischen dem Tod **Alexanders des Großen** (323 v. Chr. bis ca. 50 n. Chr.) Durch die Eroberungen Alexanders wurden viele Völker unter der griechischen Kultur und Sprache verbunden, auch Rom wurde in dieser Hinsicht eine griechische Provinz.
Im Zentrum der hellenistischen Philosophie steht der Mensch und seine Suche nach dem **Glück**, der **Eudaimonie**. Damit dieses Glück sicher und beständig ist, darf es nicht von äußeren, durch **Schicksal** oder **Zufall** wandelbaren Faktoren (z. B. Macht, Reichtum, Gesundheit, anderen Menschen) abhängig sein, sondern nur von der Geisteshaltung, mit der der Einzelne der Welt begegnet. Die **Vernunft** schützt ihn dafür vor äußeren Lockungen und vor inneren **Affekten**. Sie sorgt für Seelenruhe, Ataraxia oder Apatheia. Das verbindet fast alle Strömungen der hellenistischen Philosophie, seien es die **Kyniker**, die **Stoiker** oder die **Epikureer**. Die Anekdote über den Kyniker **Diogenes**, der in einer Tonne wohnte und von Alexander dem Großen gefragt, was er sich wünsche, antwortete „Geh mir aus der Sonne.", zeigt beispielhaft diese Bedürfnislosigkeit.

Es gibt trotzdem Unterschiede: Das höchste Ziel der stoischen Philosophie ist, ein **Leben gemäß der Vernunftnatur** (logos, ratio) zu leben (secundum naturam = rationem vivere bzw. homologoumenos zen (te physei)). Die **ratio** dient dagegen im Epikureismus der Herstellung der **Lust** als höchstem **Ziel**. Die Lust ist allerdings nicht die Lust, wie man sie landläufig versteht, sondern bedeutet das Freisein von Schmerz. Schmerzen bereiten vor allem die inneren und äußeren Anfeindungen der **Seelenruhe**. Beispielhaft veranschaulicht dies die Überlegung, ob man lieber Gemüse oder Pommes essen soll. Beide Philosophenschulen entscheiden sich für das Gemüse, die

Alexander und Diogenes, Gaetano Gandolfi, 1792.

Epikureer, weil Pommes ihnen längerfristig eher Schmerz bereiten würden, die Stoiker, weil sie Pommes nicht für ein vernunftgemäßes Leben brauchen.
Die Unterschiede in den beiden Philosophien erklären sich aus ihrer Anschauung der **Natur**: Die Stoiker berufen sich auf **Heraklit** und glauben, dass das **Feuer als Weltvernunft** alles durchwalte. Dagegen sind bei Epikur **Demokrits Atome** und **der leere Raum** das zugrundeliegende Modell.
Wie das stoische Vernunftfeuer den **Makrokosmos** beherrscht, so bestimmt auch das Vernunftfeuer der **Seele** den **Mikrokosmos Mensch**. Deshalb sind alle Menschen **Brüder**, der Mensch ist ein **Gemeinschaftswesen**, das Anteil nimmt am gesellschaftlich-politischen Leben. Der Glaubenssatz der **„Gartenphilosophen"**, also der Epikureer, lautete dagegen „lathe biosas" („lebe im Verborgenen"). Freunde darf man haben, man sollte sich aber bloß nicht in die hässlichen Machtspiele der Politik einmischen.

14

Notieren Sie die fettgedruckten Begriffe auf kleinen Karten.
Ordnen Sie diese Karten in einem Schaubild auf einem Din-A3-Papier an, malen Sie dazu Pfeile, Bilder etc. und erklären Sie Ihr Schaubild Ihrem Lernpartner.
Manchmal rückt man die Stoa in die Nähe der christlichen Ethik.
Diskutieren Sie, warum.

Deine Erwartung vom glücklichen Leben

Von der Antike bis heute bewegt Menschen die Frage: „Was ist Glück?" „Wie führe ich ein erfülltes und sinnvolles Leben?" Sicher ist auch Ihnen diese Frage schon häufig begegnet, sei es in Zeitschriften, Ratgebern, Fernsehen, Social Media oder in der philosophischen Literatur.

Glück ist das Einzige, das sich verdoppelt, wenn man es teilt.

Wandmalerei aus der caupona des Tertius in Pompeji: Die Göttin Fortuna mit Füllhorn und Ruder, Archäologisches Museum, Neapel.

15 a) Nennen Sie einige Beispiele, bei denen Ihnen die Frage nach einer guten Lebensführung im Alltag begegnet. Nennen Sie ggf. auch Namen von Ihnen bekannten „Glücksforschern".

____

____

____

b) Die Hauptperson bei der Frage nach „Was bedeutet für mich ein glückliches Leben?" sind Sie selbst. Nehmen Sie sich etwas Zeit und denken Sie über diese Frage nach.

Gestalten Sie Ihre Ergebnisse grafisch:

- als Cluster (Beginnen Sie mit dem Wort „glückliches Leben" in der Mitte und lassen Sie dann Ihre Gedanken assoziativ strömen. Wenn Ihnen keine Begriffe mehr einfallen, schreiben Sie einen Fließtext. Insgesamt nicht länger als 10 Min.)
- oder gestalten Sie eine Collage.

Betrachten Sie dann Ihre Notizen noch einmal in Ruhe und versuchen Sie, Überschriften zu finden. Notieren Sie Ihre Hauptgesichtspunkte hier:

In der Lerngruppe können Sie Ihre Ideen austauschen.

Text 1, epist. 1

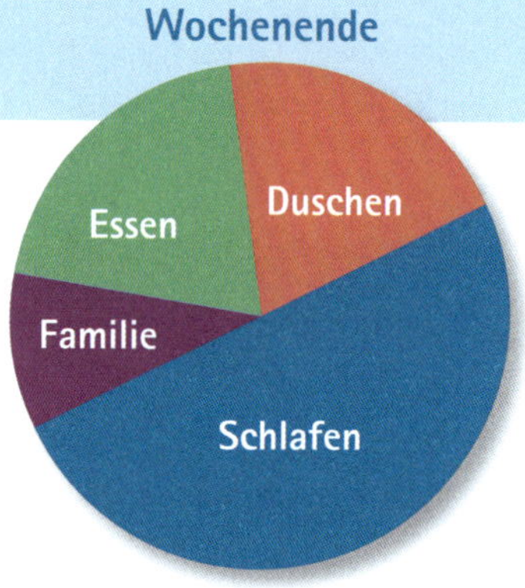

T1 Vorüberlegung

Der Brief über die Zeit eröffnet programmatisch die „Epistulae morales ad Lucilium". Überlegen Sie, womit Sie innerhalb einer Woche die meiste Zeit verbringen. Zeichnen Sie ein Tortendiagramm mit Ihren Tätigkeiten und der Dauer.

SENECA LUCILIO SUO SALUTEM

Ita fac, mi Lucili: vindica te tibi, et tempus, quod adhuc aut auferebatur aut subripiebatur aut excidebat, collige et serva. Persuade tibi hoc sic esse, ut scribo: quaedam tempora eripiuntur nobis, quaedam subducuntur, quaedam effluunt. Turpissima tamen est iactura, quae per neglegentiam fit. Et si volueris adtendere, magna pars vitae elabitur male agentibus, maxima nihil agentibus, tota vita aliud agentibus. Quem mihi dabis, qui aliquod pretium tempori ponat, qui diem aestimet, qui intellegat se cotidie mori? In hoc enim fallimur, quod mortem prospicimus: magna pars eius iam praeterit; quidquid aetatis retro est, mors tenet. Fac ergo, mi Lucili, quod facere te scribis, omnes horas complectere; sic fiet, ut minus ex crastino pendeas, si hodierno manum inieceris. Dum differtur, vita transcurrit. Omnia, Lucili, aliena sunt, tempus tantum nostrum est; in huius rei unius fugacis ac lubricae possessionem natura nos misit, ex qua expellit quicumque vult. Et tanta stultitia mortalium est ut, quae minima et vilissima sunt, certe reparabilia, imputari sibi, cum impetravere, patiantur, nemo se iudicet quicquam debere, qui tempus accepit, cum interim hoc unum est, quod ne gratus quidem potest reddere. Interrogabis fortasse, quid ego faciam, qui tibi ista praecipio. Fatebor ingenue: quod apud luxuriosum sed diligentem evenit, ratio mihi constat impensae. Non possum dicere nihil perdere, sed quid perdam et quare et quemadmodum dicam; causas pauper-tatis meae reddam. Sed evenit mihi, quod plerisque non suo vitio ad inopiam redactis: omnes ignoscunt, nemo succurrit. Quid ergo

vindica te tibi *hier* beanspruche dich für dich selbst, mach dich für dich frei • auferre (ab+ferre) = eripere (e+rapere); subripere = subducere heimlich rauben, entführen • excidere = effluere entfallen, entgleiten

iactura Verlust • et si volueris (animum) adtendere und bitte achte darauf • elabi entgleiten • maxima (pars) dare nennen • pretium ponere alicui rei einer Sache einen Wert beimessen

prospicere in der Ferne vor sich sehen • praeterit = praeteriit • retro vergangen • complecti festhalten • crastinus (dies) der morgige Tag • pendere (pendeo, pependi) abhängig sein • manum inicere alicui Hand auf etw. legen, Besitz von etw. ergreifen • fugax, fugacis flüchtig • lubricus schlüpfrig

vilis, e billig • reparabilis, e zu ersetzen • imputare in Rechnung stellen • impetrare (impetro, impetravi) erreichen, erlangen • cum interim wo doch • ingenuus offen

diligens, diligentis gewissenhaft • ratio constat impensae *hier* die Rechnung passt zu den Ausgaben • redigere (-igo, -egi, -actus) ad in einen Zustand versetzen • ignoscere Mitleid haben • succurrere zu Hilfe kommen • Quid ergo est? *hier* Was ist jetzt mein Punkt? • Non puto pauperem, ... Ich halte den nicht für arm, ... • quantulumcumque wie wenig auch immer • malo serves *statt AcI m. bloßem Konj.* •

est? Non puto pauperem, cui quantulumcumque superest, sat est; tu tamen malo serves tua, et bono tempore incipies. Nam ut visum est maioribus nostris, 'sera parsimonia in fundo est'; non enim tantum minimum in imo sed pessimum remanet. Vale.

et incipies *(Futur) hier* und dann fang an • bono tempore rechtzeitig • serus *hier* zu spät • parsimonia Sparsamkeit • fundus Boden (des Fasses) • imum der unterste Teil

T2 Lesen Sie den gesamten Brief durch.

a) Welche zwei Sachfelder ergeben sich? Füllen Sie diese mit Textbelegen und/oder markieren Sie diese im Text in verschiedenen Farben.

b) Achten Sie, gerade am Anfang der Epistel, auf Anaphern bzw. Epiphern. Schreiben Sie die Teilsätze heraus. Erläutern Sie, was dadurch betont wird.

c) Gliedern Sie den Brief in Sinnabschnitte.

d) Fassen Sie Ihre Ergebnisse - auch unter Einbezug des Bildes von Salvador Dali - zusammen.

Die Beständigkeit der Erinnerung, Salvador Dalí, 1931.

Ü1 Sortierübung

a) Sortieren Sie die Verbformen in die obere Hälfte der drei Sanduhren (Doppelungen möglich).

dabis | iudicet | pendeas | patiantur | fac | complectere | vindica | dicam | fatebor | faciam | perdam

b) Sortieren Sie die Pronomina des Textes in die unteren Teile der drei Sanduhren (Dopplungen möglich).

quaedam, quem, aliquod, quid, ex qua, quicumque, quare, cui

c) Erläutern Sie, warum diese Verbformen und Pronomina so häufig verwendet werden.

I1 Wirklich alles das Gleiche?

Erklären Sie die Bedeutungsunterschiede der Verben der Z. 1- 4 auferre, subripere, excidere bzw. von eripere, subducere, effluere, auch indem Sie auf die unterschiedlichen Diathesen (Aktiv – Passiv) eingehen.

I2 Aliud agere

Füllen Sie die Leerstellen.

ALIUD AGERE???

I3 Seneca für Manager oder für Neokapitalisten?

Beantworten Sie die Frage, ob Seneca ein Unternehmenscoach sein könnte, der Leute in effektivem Zeit- und Selbstmanagement schult, um noch erfolgreicher zu werden.

14 Stilsicher

Nennen Sie fünf auffällige Merkmale der Komposition und der sprachlich-stilistischen Gestaltung des senecanischen Briefstils (→ Ü1, T2b und S. 5).

15 Carpe diem

a) Vergleichen Sie die Vorschläge von Seneca zum Umgang mit der Zeit mit Ihrem Tortendiagramm. Was würde Seneca Ihnen raten?

b) Horaz, ein berühmter Dichter der augusteischen Klassik, thematisiert in seinem Gedicht (c. 1, 11) ebenfalls die Zeit. Vergleichen Sie seine Auffassung mit Seneca.

Tu ne quaesieris scire nefas quem mihi, quem tibi
finem di dederint, Leuconoe, nec Babylonios
temptaris numeros. Ut melius quicquid erit pati!
Seu pluris hiemes seu tribuit Iuppiter ultimam,
quae nunc oppositis debilitat pumicibus mare
Tyrrhenum, sapias, vina liques et spatio brevi
spem longam reseces. Dum loquimur, fugerit invida
aetas: carpe diem, quam minimum credula postero.

Frage nicht, denn es wäre nicht recht zu wissen, welches Ende mir, welches dir die Götter bestimmt haben, Leukonoe, und lass dich auch nicht auf die babylonische Sterndeutung ein! Wieviel besser ist`s, was immer geschieht, hinzunehmen, ob nun Jupiter noch mehr Winter gewährt oder den als letzten, der jetzt an den ragenden Lavaklippen das tyrrhenische Meer sich brechen lässt. Sei vernünftig! Kläre den Wein und stutze auf ein bescheidenes Maß deine weitgespannten Hoffnungen zurück! Während wir plaudern, entflieht neidisch die Zeit. Genieße den Tag und verlass dich möglichst wenig auf den nächsten.

16 Carpe diem im 21. Jahrhundert

Die Amerikanerin Bronnie Ware hat Sterbende in ihren letzten Wochen begleitet und sie gefragt, was sie am meisten bereuen. Unter den Top Five waren: Ich wünschte ...

... ich hätte nicht so viel gearbeitet.

... ich hätte den Kontakt zu meinen Freunden aufrechterhalten.

... ich hätte den Mut gehabt, mein eigenes Leben zu leben.

a) Erläutern Sie selbst, womit Sie Ihre Zeit verbringen würden, wenn Sie nur noch einen Tag zu leben hätten.

b) Was würde Seneca Ihnen raten?

Text 2, epist. 7, 1 - 5a

T1 Vorüberlegung: Quid tibi vitandum praecipue existimas?
Was, meinen Sie, muss der Philosoph am meisten vermeiden? Notieren Sie Ihre Gedanken.

Quid tibi vitandum praecipue existimes, quaeris? Turbam. Nondum illi tuto committeris. Ego certe confitebor imbecillitatem meam: Numquam mores, quos extuli, refero; aliquid ex eo, quod composui, turbatur, aliquid ex iis, quae fugavi, redit. Quod aegris evenit, quos longa imbecillitas usque eo affecit, ut nusquam sine offensa proferantur, hoc accidit nobis, quorum animi ex longo morbo reficiuntur. Inimica est multorum conversatio: Nemo non aliquod nobis vitium aut commendat aut imprimit aut nescientibus allinit. Utique quo maior est populus, cui miscemur, hoc periculi plus est. Nihil vero tam damnosum bonis moribus quam in aliquo spectaculo desidere; tunc enim per voluptatem facilius vitia subrepunt. Quid me existimas dicere? Avarior redeo, ambitiosior, luxuriosior? Immo vero crudelior et inhumanior, quia inter homines fui. Casu in meridianum spectaculum incidi, lusus exspectans et sales et aliquid laxamenti, quo hominum oculi ab humano cruore acquiescant. Contra est: quidquid ante pugnatum est, misericordia fuit; nunc omissis nugis mera homicidia sunt. Nihil habent, quo tegantur; ad ictum totis corporibus expositi numquam frustra manum mittunt. Hoc plerique ordinariis paribus et postulaticiis praeferunt. Quidni praeferant? Non galea, non scuto repellitur ferrum. Quo munimenta? Quo artes? Omnia ista mortis morae sunt. Mane leonibus et ursis homines, meridie spectatoribus suis obiciuntur. Interfectores interfecturis iubent obici et victorem in aliam detinent caedem; exitus pugnantium mors est. Ferro et igne res geritur. Haec fiunt, dum vacat harena.

praecipue *Adv.* besonders
tuto *Adv.* mit Sicherheit
imbecillitas, tatis *f* Schwäche
fugare vertreiben, in die Flucht schagen • ut nusquam sine offensa proferantur dass sie nirgends ohne einen Rückfall unter Menschen kommen können • reficere wiederherstellen, genesen • conversatio, ionis *f* Umgang, Verkehr • commendare empfehlen • imprimere aufdrücken • alinere anhängen, ankleben • utique *Adv.* insbesondere, zumal ja • quo ... hoc je ... desto ... • damnosus 📖 • spectaculum Gladiatorenspiel • desidere sitzend verweilen, sitzen • subrepere herankriechen • avarus 📖 • ambitiosus 📖 • luxuriosus 📖 • inhumanus 📖 • casu *Adv.* zufällig • meridianum spectaculum Mittagsspiele • lusus, ūs Spiel, Zeitvertreib • sal, lis Witz, Scherz • laxamentum Entspannung • cruor Blutvergießen • contra est im Gegenteil • misericordia Barmherzigkeit • omissis nugis ohne Spielerei • merus rein, unverfälscht • homicidium Mord • ictus, ūs *m* Hieb, Stoß • expositus frei stehend, offen ausgesetzt • manum mittere zuschlagen • ordinarii pares et postulatici die üblichen und immer verlangten Zweikampfpaarungen (der Gladiatoren) • quidni warum auch nicht • galea Helm • scutum Schild • quo wozu • munimentum Schutz • mane *Adv.* morgens • ursus Bär • meridie *Adv.* mittags - interfector *hier Akk.* • interfecturus *PPA* interficere • iubent *Subjekt sind die Zuschauer* • detinere zurückhalten, hinhalten • exitus pugnantium Abschluss der Kämpfe • vacare leer sein

T2 Gliedern Sie den Text in zwei bis drei Abschnitte. Begründen Sie Ihre Gliederung mit sprachlichen und inhaltlichen Beobachtungen. Achten Sie dabei z. B. auf Sachfelder, Negationen und Themenwechsel.

Zeile	Thema/Überschrift	sprachliche Beobachtungen

Ü1 Alles relativ beim alten Seneca?

a) Unterstreichen Sie das Bezugswort des Relativpronomens und bestimmen Sie den Kasus des Relativpronomens. Übersetzen Sie danach.

Mores, quos extuli	
quiquid ante pugnatum, misericordia fuit	
Nihil habent, quo tegantur	

b) Begründen Sie: Warum verwendet Seneca Relativsätze anstelle von Substantiven (mores meos, pugna prior, tegimenta)?

Ü2 Synonyme – oder unterschiedliche Bedeutung?

Im Text gibt es vier verschiedene Begriffe für „eine Menge Menschen". Suchen Sie diese heraus und erklären Sie, wie sie sich unterscheiden.

I1 Das Wichtigste für alle

a) Fassen Sie die Aussage dieses Senecabriefes zu einem Graffito zusammen. Berücksichtigen Sie dabei die Gliederung aus T2.

b) Warum braucht Seneca mehr als zwanzig Wörter? Beachten Sie T2 und Ü1.

Wahlwerbung am Thermopolium der Asellina in Pompeji.

I2 Zwei Sichtweisen auf Zirkusspiele

Ovid beschreibt in der Ars Amatoria (I 135 ff.) Orte, an denen man Bekanntschaften machen kann. Hier eine Paraphrase:

„Vermeide auch nicht den Besuch des Pferderennens;
der menschenreiche Zirkus bietet viele Vorteile.
Heimliche Handzeichen sind hier unnötig,
Kopfnicken, Augenblinzeln – all das braucht man nicht.
Setz dich einfach ganz nah an die Frau.
(...)
Suche nun nach einem Grund für ein Gespräch,
beginne mit einem einfachen Small-Talk
Frag sie dann, welche Pferde da laufen, sei aufmerksam:
Stimme ihr zu, favorisiere ihre Favoriten."

Stellen Sie sich vor: Seneca und Ovid sitzen in der Unterwelt. Sie sehen und hören einen TV-Bericht über die Loveparade. Dann kommen die beiden ins Gespräch. Verfassen Sie einen Text über ihren Disput.

Gesellschaft und Individuum

Aristoteles bestimmte den Menschen als ζῷον πολιτικόν, ein Lebewesen, das für sein Überleben auf die Gemeinschaft angewiesen ist. Die Stoiker folgen ihm (οἰκείωσις-Lehre). Der Gedanke wurde in der modernen Sozialwissenschaft weiterentwickelt: *„Gesellschaft ist ein menschliches Produkt. Gesellschaft ist eine objektive Wirklichkeit. Der Mensch ist ein gesellschaftliches Produkt" – das ist „die fundamentale gesellschaftliche soziale Dialektik."* (Berger/Luckmann 1969). Dem gegenüber steht Epikurs „λάθε βιώσας" (lebe im Verborgenen) oder der Anarchismus als politische Ausprägung des extremen Individualismus oder auch der private Escapismus vieler Menschen – oder der Gedanke des homo homini lupus von Thomas Hobbes.

I3 privat oder öffentlich?

Wer lebt für sich, wer lebt mit und für eine Gemeinschaft? Erörtern Sie Ihre eigenen Gedanken und Erfahrungen zu dieser Frage unter Bezug auf den Infokasten und Senecas Ausführungen.

Leben rein privat ⟷ **Leben in und für eine Gemeinschaft**

Text 3, epist. 9, 8 – 10a

T1 Das Thema des Briefes

a) Dem Briefausschnitt geht eine Anfrage des Lucilius voraus, ob Epikur mit seiner These zum Thema ______________________ Recht habe.

b) Lesen Sie den gesamten Briefausschnitt und achten Sie auf Sachfelder und Wiederholungen: Um welches Haupt-Thema geht es? Welche weiteren Sachfelder entdecken Sie?

Sapiens etiam, si contentus est se, tamen habere amicum vult, si nihil aliud, ut exerceat amicitiam, ne tam magna virtus iaceat; non ad hoc, quod dicebat Epicurus in hac ipsa epistula, „ut habeat, qui sibi aegro assideat, succurrat in vincula coniecto vel inopi“, sed ut habeat aliquem, cui ipse aegro assideat, quem ipse circumventum hostili custodia liberet. Qui se spectat et propter hoc ad amicitiam venit, male cogitat. Quemadmodum coepit, sic desinet: paravit amicum adversum vincla laturum opem; cum primum crepuerit catena, discedet. Hae sunt amicitiae, quas temporarias populus appellat; qui utilitatis causa assumptus est, tamdiu placebit quamdiu utilis fuerit. Hac re florentes amicorum turba circumsedet, circa eversos solitudo est, et inde amici fugiunt, ubi probantur. Hac re ista tot nefaria exempla sunt aliorum metu relinquentium, aliorum metu prodentium. Necesse est, initia inter se et exitus congruant. Qui amicus esse coepit, quia expedit, desinet etiam, quia expedit: placebit aliquod pretium contra amicitiam, si ullum in illa placet praeter ipsam. „In quid amicum paras?“ Ut habeam, pro quo mori possim, ut habeam, quem in exsilium sequar, cuius me morti et opponam et impendam.

nihil aliud für nichts anderes • iacere *hier* brach liegen • sibi aegro *Prädikativum* ihm als Kranken; ihm, wenn er krank ist • ut habeat (aliquem) • hostilis feindlich • ad amicitiam venire sich mit jmd. befreunden • desinet *Fut.* • adversum *Präp. m. Akk.* gegen • vincla = vincula *n Pl.* Gefängnis • in vincula conicere ins Gefängnis werfen • opem ferre Hilfe bringen • laturum *PFA von* ferre • crepare klingen, platzen • catena Kette • temporarius kurze Zeit dauernd, wetterwendisch • utitlitas Nutzen • hac re = qua re deshalb • florentes (homines florentes) • florere blühen, glänzend ausgestattet sein • circumsedere *m. Akk.* um jmd. herumsitzen • evertere zerstören, zugrunde richten • nefarius ruchlos, schändlich • exempla aliorum ... prodentium Beispiele von Menschen, die teils ... verlassen, teils ... verraten • necesse est, (ut): es ist nötig, dass • expedire förderlich sein, nutzen • contra *hier* mehr als • opponere *m. Dat.* sich jmd. etw. entgegenstellen • cuius me ... impendam *ordne* cuius morti me et opponam et impendam

T2 Vor der Detailerschließung

a) Notieren Sie Ihre eigenen Gedanken und Gefühle zum Thema des Briefes.

b) Schon in der Antike benutzte man Trinkbecher mit Sinnsprüchen. Gestalten Sie als Geschenk einen Becher, der die Quintessenz Ihrer Gedanken enthält.

________________________ heißt/ist

____

Ü Abbildende Wortstellung

Markieren Sie das Partizip und das Bezugswort. Erläutern Sie, welche Wirkung durch die Verwendung des Partizips entsteht. Achten Sie dabei auf die abbildende Wortstellung und ihre Wirkung.

Z. 9/10	paravit amicum adversum vincla laturum opem
Z. 5	sibi succurat in vincula coniecto vel inopi
Z. 6/7	aliquem, quem ipse circumventum hostili custodia liberet
Z. 13	Tot nefaria exempla sunt aliorum metu relinquentium, aliorum metu prodentium.

I1 Indigetne sapiens amico?

a) Bedarf der Philisoph des Freundes?
Arbeiten Sie die Auffassungen Senecas und die Aufassungen der anderen heraus.

Epicurus et alii

Seneca

b) Erläutern Sie die unterschiedliche Bedeutung der Freundschaft unter Rückbezug auf den Infokasten zu Text 2 (→ S. 14).

c) Formulieren Sie als Quintessenz nun eine Postkarte im Sinne Senecas.

Mädchen mit Schreibgriffel, Pompeji, 1. Jh. n. Chr.

I2 Amicitia im 20. und 21. Jahrhundert

a) Der Begriff amicita wird heute in zahlreichen verschiedenen Bedeutungen und Facetten verwendet. Notieren Sie einige davon.

b) Eine weitere, moderne Auffassung finden Sie bei der Philosophin Hannah Arendt. Vergleichen Sie diese mit der antiken Definition: Welcher stimmen Sie eher zu?

HANNAH ARENDT
(1906–1975)
„Wahre Freundschaft ist politisch"

Für Hannah Arendt zeigt sich der Wert einer Freundschaft im Gespräch. Wahre Freunde reden weniger über ihr privates Seelenleben als über die Welt, die sie miteinander teilen. Und insofern es in Gesprächen zwischen Freunden um die geteilte Welt und ihre gemeinsamen politischen Anliegen geht, ist auch ihre Freundschaft politisch. Das bedeutet zum einen, dass sie eine Grundlage für politisches Handeln bietet: Aus Freundschaft kann Komplizenschaft entstehen. Zum anderen hilft der Austausch mit Freunden dabei, die Welt besser zu verstehen und seine Meinung zu schärfen. Ob die politische Freundschaft auch immer harmonisch ist, ist für Arendt zweitrangig. Denn wahre Freunde müssen sich nicht gleichen, solange sie im Diskurs zueinanderfinden und die Haltung ihres Gegenübers respektieren.

Text 4, epist. 15, 1 - 5

T1 Wie kommt man ins Philosophieren? Seneca beginnt seinen Brief mit einer Reflexion über einen Briefanfang: Si vales, bene est. Übersetzen Sie Si vales, bene est auf verschiedene Arten. Recherchieren Sie dafür im Wörterbuch.

Mos antiquis fuit - usque ad meam servatus aetatem - primis epistulae verbis adicere: "Si vales bene est, ego valeo". Recte nos dicimus: "Si philosopharis, bene est". Valere enim hoc demum est. Sine hoc aeger est animus; corpus quoque, etiam si magnas habet vires, non aliter quam furiosi aut frenetici validum est. Ergo hanc praecipue valetudinem cura, deinde et illam secundam; quae non magno tibi constabit, si volueris bene valere. Stulta est enim, mi Lucili, et minime conveniens litterato viro occupatio exercendi lacertos et dilatandi cervicem ac latera firmandi: Cum tibi feliciter sagina cesserit et tori creverint, nec vires umquam opimi bovis nec pondus aequabis. (...) Multa sequuntur incommoda huic deditos curae: primum exercitationes, quarum labor spiritum exhaurit et inhabilem intentioni ac studiis acrioribus reddit; deinde copia ciborum subtilitas impeditur. Accedunt pessimae notae mancipia in magisterium recepta, homines inter oleum et vinum occupati, quibus ad votum dies actus est, si bene desudaverunt, si in locum eius, quod effluxit, multum potionis altius in ieiuno iturae regesserunt. Bibere et sudare vita cardiaci est. Sunt exercitationes et faciles et breves, quae corpus et sine mora lassent et tempori parcant, cuius praecipua ratio habenda est: cursus et cum aliquo pondere manus motae et saltus vel ille, qui corpus in altum levat, vel ille, qui in longum mittit vel ille, ut ita dicam, saliaris. (...) Quidquid facies, cito redi a corpore ad animum; illum noctibus ac diebus exerce. Labore modico alitur ille; hanc exercitationem non frigus, non aestus impediet, ne senectus quidem.

antiquus *hier* der Vorfahre • servatus beachtet, bewahrt

furiosus 📖 • freneticus 📖 • praecipue vor allem, besonders • aliquid magno constat etw. kostet viel, ist teuer • volueris *von velle* • vir litteratus ein gebildeter Mann • lacertus Oberarm • dilatare verbreitern • cervix, icis *f* Nacken • latus, eris *n* Flanke, Seite • firmare kräftigen • sagina 📖 • cedere (cedo, cessi, cessurus) *hier* gelingen, vorangehen • torus Muskelpaket • opimus fett, feist • pondus, eris *n* Gewicht • aequare erreichen • multa incommoda *n Pl.* • deditos (homines) • exhaurire erschöpfen • inhabilis intentioni unfähig zur Konzentration • subtilitas 📖 • nota das Ansehen, der Ruf einer Person • mancipia in magisterium recepta *Pl.* Trainer (*„personal trainer"*) • ad votum nach Wunsch • desudare stark schwitzen • si in locum eius ... regesserunt wenn sie an Stelle des Entflossenen eine Menge Wein hineinschütten, der auf nüchternen Magen schlimmer wirkt • sudare schwitzen • cardiacus Fieberkranker, Magenkranker • quae corpus et ... et tempori parcent die den Körper sowohl unverzüglich ermüden als auch Zeit ersparen • praecipuus *Adj. (vgl.* praecipue) • aliqus irgendein • pondus, eris *n* Gewicht • saltus Sprung • levare leicht machen, hochheben • ille saliaris jener, der wie ein Salier (*Priester aus dem Latium*) springt • cito *Adv.* schnell • alitur *vgl.* alere • frigus Frost, kaltes Wetter • cura *vgl.* curare, sich um etwas kümmern • vetustas *Subst. zu* vetus

T2 Lesen Sie die Zeilen 1–5 mehrmals (möglichst laut) durch. Was fällt Ihnen auf? Gliedern Sie den Text anhand Ihrer Beobachtungen in Sinnabschnitte.

Zeile	Sachfeld/Wortfamilie	Thema des Abschnittes

Ü1 nd-Formen

occupatio exercendi lacertos

eius ratio praecipua habenda est

Erklären Sie anhand der Beispiele die zwei unterschiedlichen Möglichkeiten, wie im Lateinischen nd-Formen verwendet werden können. Nehmen Sie ggf. eine Grammatik zuhilfe.

Ü2 Ellipse

In den folgenden Sätzen hat der Autor ein Wort ausgelassen. Greifen Sie eines wieder auf und setzen Sie es in das Kästchen ein:

corpus quoque, etiam si magnas habet vires, non aliter quam [ ] furiosi aut frenetici validum est.

Ergo hanc praecipue valetudinem cura, deinde et illam secundam [ ]

I1 Ist jeder Sport Mord?

Zeichnen Sie in die Gedankenblase Seneca beim Sport.

Büste des Seneca, Neues Museum, Berlin.

I2 Seneca für Bodybilder – einfach und witzig

Mit welchen sprachlich-stilitischen Mitteln trägt Seneca zur Unterhaltung des Lesers bei? Zeigen Sie dies am Text Z. 9-20 an mehreren Beispielen auf und tragen Sie diese in die Sammelfolie "Senecas Stilistik" ein.

I3 Askese und Seneca

Über einen der berühmtesten Heiligen des Mittelalters, Franziskus von Assisi (1181-1226), wird Folgendes überliefert: „Deshalb nannte er seinen Körper „Bruder Esel", der gleichsam mit schweren Lasten zu beladen ist, mit vielen Peitschenhieben zu züchtigen und mit einfachem Essen ernährt werden müsse".

Hätte Seneca diese Haltung für gut befunden? Erörtern Sie.

→ pro/contra

Kalokagathie (griech. schön und gut)

Antike Künstler stellten ihre Götter in schönen, kraftvollen Körpern dar, sogar nackt, damit man jeden Muskel sehen konnte. In einer Welt mit geringer und von der gesellschaftlichen Position abhängenden Gesundheitsversorgung war körperliche Stärke und Schönheit ein Ausdruck von Göttlichkeit. Aber auch bei der Darstellung von Menschen galt in der antiken Welt: Körperliche Schönheit und geistig-sittliche Bildung geht Hand in Hand. Kalokagathie ist der Inbegriff der Tugend (mens sana in corpore sano).

I4 Kalogagathie und der Philosoph Seneca

Seneca sieht die Standbilder der Krieger von Riace.

Verfassen Sie in seinem Namen einen kurzen Brief an Lucilius darüber.

Beachten Sie den Infokasten.

Bronzestatue „Krieger von Riace", ca. 5. Jh. v. Chr.

Text 5, epist. 16, 1, 3 - 5

T1 Am Anfang des Briefes hat sich Seneca mit alltäglichen Problemen auseinandergesetzt, jetzt kommt er zu seinem eigentlichen Thema. Vervollständigen Sie den lateinischen Satz: Nemo potest beate vivere sine ______________ .

Liquere hoc tibi, Lucili, scio, neminem posse beate vivere, ne tolerabiliter quidem, sine sapientiae studio, et beatam vitam perfecta sapientia effici, ceterum tolerabilem etiam inchoata. Sed hoc, quod liquet, firmandum et altius cotidiana meditatione figendum est: plus operis est in eo, ut proposita custodias, quam ut honesta proponas. Perseverandum est et assiduo studio robur addendum, donec bona mens sit, quod bona voluntas est.

effici *Inf. Pass.* • inchoare beginnen *(Ellipse: tolerabilem (vitam) ... inchoata (sapientia))* • cotidianus täglich • meditatio, meditationis *f* geistige Übung, Meditation • plus operis est in eo es liegt mehr Mühe darin • propositum Vorhaben, Vorsatz • assiduus beständig •

Seneca wendet sich an Lucilius, der schon Fortschritte in der Philosophie gemacht hat (proficiens), aber sich immer wieder prüfen muss.

Non est philosophia populare artificium nec ostentationi paratum; non in verbis sed in rebus est. Nec in hoc adhibetur, ut cum aliqua oblectatione consumatur dies, ut dematur otio nausia: animum format et fabricat, vitam disponit, actiones regit, agenda et omittenda demonstrat, sedet ad gubernaculum et per ancipitia fluctuantium derigit cursum. Sine hac nemo intrepide potest vivere, nemo secure; innumerabilia accidunt singulis horis, quae consilium exigant, quod ab hac petendum est. Dicet aliquis: „Quid mihi prodest philosophia, si fatum est? Quid prodest, si deus rector est? Quid prodest, si casus imperat? Nam et mutari certa non possunt et nihil praeparari potest adversus incerta, sed aut consilium meum occupavit deus decrevitque, quid facerem, aut consilio meo nihil fortuna permittit." Quidquid est ex his, Lucili, vel si omnia haec sunt, philosophandum est; sive nos inexorabili lege fata constringunt, sive arbiter deus universi cuncta disposuit, sive casus res humanas sine ordine impellit et iactat, philosophia nos tueri debet. Haec adhortabitur, ut deo libenter pareamus, ut fortunae contumaciter; haec docebit, ut deum sequaris, feras casum.

popularis, e allgemein, verbreitet • artificium *n* Kunstwerk – ostentatio, ostentationis *f* das Zeigen, Zurschaustellen • oblectatio, oblectationis *f* Erheiterung, Genuss, Unterhaltung • nausia *f* Übelkeit, Seekrankheit, Ekel, Langeweile • formare formen, gestalten • fabricare fertigen, bilden • gubernaculum Steuer, Ruder • ancipitia *n Pl.* die Gefahren • fluctuare Wellen schlagen, wogen, wallen • cursum derigere den Kurs lenken • intrepidus ruhig, in Ruhe • innumerabilis, e unzählig • ab hac (philosophia) • rector Lenker •

praeparare vorbereiten • ex his *gemeint sind fortuna, deus, fatum, casus* • sunt es gibt, sie existieren • fata *n Pl.* das Schicksal • inexorabilis, e unerbittlich, unversöhnlich • constringere zwingen • arbiter, arbitri *m* Lenker •

contumaciter *Adv.* trotzig, störrisch

T2 Themen und Gliederung

a) Lesen Sie den lateinischen Text. Achten Sie auf die Wortwiederholungen. Erläutern Sie, worum es in dem Brief geht.

b) Gliedern Sie den Brief (in drei Abschnitte) und geben Sie den Abschnitten Überschriften.

Zeile	Wortwiederholungen	Überschrift

Ü1 Tatsache oder Wunsch/Verlangen?

Einiges stellt Seneca als Tatsache dar, anderes verlangt er oder wünscht er sich von Lucilius. Ziehen Sie Verbindungslinien zu der Sprechblase und zu der Gedankenblase. Achten Sie dabei auf die Verbformen!

certa non possunt mutari
hoc firmandum est
ut deo libenter pareamus
hoc figendum est
ut feras casum
perseverandum est
robur addendum est

I1 Was ist die Philosophie?

a) Fassen Sie in einem Satz zusammen, was Seneca unter Philosophie versteht.

b) Untersuchen Sie den Briefausschnitt auf Stilmittel und erläutern Sie ihre Wirkung. Berücksichtigen Sie dabei T2 und die Sammelfolie „Senecas Stilistik".

fatum-casus-deus

fatum	Da für die Stoiker alles von der Vernunft beherrscht wird, ist auch alles vorherbestimmt und fügt sich in eine lückenlose Ursachenkette, die Heimarmene oder das Fatum. Die Freiheit des Menschen besteht in der freudigen Zustimmung zum Fatum.
casus	Dagegen glaubt Epikur, dass die Atome im leeren Raum zufällig vom Weg abkommen und mit anderen Atomen Verbindungen eingehen. Alles beherrscht der Zufall, unsere Willensfreiheit ist auch zufällig.
deus	Für Epikur ist es das Wichtigste, die Angst vor dem Tod und den Göttern durch das mechanistische Weltbild zu überwinden. Die als Feuer die Welt durchströmende Vernunft der Stoiker könnte göttlich genannt werden.

I2 Der Mensch – ein Hund? Karikatur

a) Erläutern Sie Senecas Satz mit dem Bild Chrysipps und dem Infokasten:
Ducunt volentem fata, nolentem trahunt (Seneca epist. 107).
„Wenn ein Hund, der an einem Wagen festgebunden ist, mitlaufen will, dann wird er einerseits gezogen und anderenfalls läuft er mit: Er handelt also freiwillig unter Zwang ... dasselbe gelte wohl auch für den Menschen, ... denn, wenn sie nicht wollten, würden sie unausweichlich dazu gezwungen, sich dem Schicksal zu fügen.

b) Überlegen Sie, in welchen Situationen Ihnen dieses Bild helfen würde.

I3 In T1 sollte folgender Satz vervollständigt werden:

Niemand kann glücklich leben ohne ... Schreiben Sie nach Senecas Abschnitten und sprachlich-stilistischen Mitteln eine kleine Abhandlung über Ihr Thema!

Text 6, epist. 16, 7b – 9

T1 Gedankenspiel

Sie haben zum Geburtstag 1.000 Euro geschenkt bekommen.
Wie verwenden Sie dieses Geld?

Geben Sie Gründe für die von Ihnen geplante Verwendung an.

Seneca wendet sich in diesem Textauszug am Ende des Briefes 16 noch einmal an Lucilius. Er schreibt: „Wenn ich dich gut kenne, schaust du jetzt, welches munusculum dieser Brief dir bringt. Schüttele ihn und du findest es." Dieses munusculum ist das nun folgende Zitat Epikurs:

„Si ad naturam vives, numquam eris pauper; si ad opiniones, numquam eris dives“. Exiguum natura desiderat, opinio immensum. Congeratur in te, quidquid multi locupletes possederant; ultra privatum pecuniae modum fortuna te provehat, auro tegat, purpura vestiat, eo deliciarum opumque perducat, ut terram marmoribus abscondas; non tantum habere tibi liceat, sed calcare divitias; accedant statuae et picturae et quidquid ars ulla luxuriae elaboravit: maiora cupere ab his disces. Naturalia desideria finita sunt: ex falsa opinione nascentia, ubi desinant, non habent; nullus enim terminus falso est. Via eunti aliquid extremum est: error immensus est. Retrahe ergo te a vanis, et cum voles scire, quod petes, utrum naturalem habeat an caecam cupiditatem, considera, num possit alicubi consistere: si longe progresso semper aliquid longius restat, scito id naturale non esse. Vale.

congerere aufhäufen, ansammeln • locuples, tis reich, wohlhabend • modus das Maß • provehere (vorwärts) bringen • purpura Purpurgewand • vestire kleiden, bekleiden • eo zu dem Punkte, bis zu dem Grad • deliciae, arum *f* Genuss, Vergnügen • abscondere verbergen, verstecken • calcare einstampfen, mit Füßen treten • e-laborare • maiora *n Pl.* größere Dinge, Größeres

ordne und ergänze: ex falsa ... habent: desideria ex falsa opinione nascentia non habent, ubi desinant • desinere aufhören • falso (desiderio) • eunti *PPA Dat. von* ire • aliquid extremum est hat ein Ende • vanum das Leere, das Eitle • quod petes, ... considera, num... *ordne:* Considera, num id, quod petes, utrum ... habeat, num possit alicubi consistere ob (dein Wunsch) irgendwo halt machen kann • longe progresso nachdem man weit fortgeschritten ist

Sammelfolie: „Senecas Stilistik"

Aufgabe:
Sammeln Sie während der Lektüre Beispiele für die Kennzeichen der Diatribe und der Stilmittel. Tragen Sie die Ergebnisse in die Tabelle ein.

Stilmittel (Begriff)	lateinisches Beispiel aus Sen. epist.	Erläuterung der Funktion
Anapher	epist. 1 quaedam … quaedam …	…

Sammelfolie: „Senecas Schatzkästlein"

Aufgabe 1
Schreiben Sie pro Brief eine Sentenz heraus.

Aufgabe 2
Erläutern Sie in maximal 5 Sätzen, was die Sentenz für Sie bedeutet.

Sentenz:

Erläuterung:

Optionale Aufgaben

- Übersetzen Sie ausgewählte Sentenzen, begründen Sie Ihre Auswahl und erläutern Sie diese im Sinne der stoischen Philosophie.
- Gestalten Sie mit 12 Sentenzen die Seiten eines Jahreskalenders, entweder mit Text oder künstlerisch mit Bildern, Graphiken, etc.

Sammelfolie: „Seneca als Philosoph"

	philosophische Bezüge	lateinische Begriffe
Text 1, epist. 1		
Text 2, epist. 7, 1 - 5a		
Text 3, epist. 9, 8 – 10a	Freundschaft	in quid amicum paras, ut habeam, pro quo mori possim
Text 4, epist. 15, 1 - 5		
Text 5, epist. 16, 1, 3 - 5		
Text 6, epist. 16, 7b - 9		
Text 7, epist. 23, 2 - 4		
Text 8, epist. 24, 16+18		
Text 9, epist. 28, 1 - 2, 3b - 5		
Text 10, epist. 41,6, 7b - 8		
Text 11, epist. 47, 1 - 3a, 10, 17a		
Text 12, epist. 108, 19 - 22a		
Text 13, epist. 116, 1, 4 - 6		

Schreiben Sie pro Brief die philosophischen Bezüge (Themen, Begriffe, Konzepte) von Senecas Briefen heraus. Verwenden Sie möglichst lateinische Begriffe. Greifen Sie auf die Einleitung (→ S. 6) zurück, benutzen Sie aber auch Ihr sonstiges Wissen zur Philosophie.

T2 Senecas Munusculum

Übersetzen Sie zunächst nur das Epikurzitat. Was könnte das für Sie bedeuten?

T3 Gegensätze

a) Stellen Sie die parallel angeordneten Gegensätze im Epikur-Zitat gegenüber. Arbeiten Sie Sachfelder und Ausdrücke heraus, mit denen die gegensätzlichen Begriffe im Verlauf des Textes ausgestaltet werden, und ordnen Sie diese in der Tabelle zu.

si ____ vives, numquam ____ eris.	↔	si ____ vives, numquam ____ eris.

b) Geben Sie den Gedankengang mit eigenen Worten wieder.

Ü Konjunktiv im Nebensatz

a) Markieren Sie die Subjunktion, die den Konjunktiv auslöst und erklären Sie, um welche Satzart es sich handelt.

Circumspicies, quid haec epistula munusculi attulerit	Satzart:
Eo perducat, ut terram marmoribus abscondas	Satzart:
Ex falso opinione, ubi desinant, non habent	Satzart:
Et cum voles scire, quod petes, utrum naturalem habeat an caecam cupiditatem,	Satzart:
considera, num possit alicubi consistere	Satzart:

b) Erklären Sie die Verwendung der Satzarten unter Berücksichtigung der Textgattung.

I1 **Herr Seneca, was sagen Sie dazu?**

Sie haben anfangs überlegt, wie Sie die 1.000 geschenkten Euros verwenden möchten. Stellen Sie nun mit aussagekräftigen Textbelegen heraus, was Seneca dazu sagen würde.

Verwendung 1 (________________) Seneca: ____________________

Verwendung 2 (________________) Seneca: ____________________

I2 **Der Brief im Brief**

a) Gliedern Sie den Text in die Bestandteile eines Briefes und geben Sie die Kerngedanken wieder. Schreiben Sie Beispiele für stilistisch besonders gelungene Formulierungen heraus, die die Kerngedanken unterstützen.

Zeile	Textbelege	Hauptaussagen	Stil

b) Vergleichen Sie den Brief im Brief mit dem Anfang des gesamten Briefs (Text 5) im Hinblick auf Inhalt und sprachliche Gestaltung.

c) Versetzen Sie sich an die Stelle des Lucilius: Welche Wirkung hat dieser Brief auf Sie?

d) Welche Intention könnte Seneca mit der Komposition verfolgen?

I3 **Das Munusculum**

a) Lesen Sie zunächst den Infokasten. Stellen Sie diesen durch eine Grafik dar.

b) Erörtern Sie die Aussage Senecas (→ Text 6, Z. 1-2) und beziehen Sie den Infokasten ein: Was würde sein Tipp ganz konkret bedeuten – damals und heute?

c) Finden Sie Beispiele für Menschen, die sich gemäß Senecas munusculum verhalten. Und Seneca selbst?

d) Reflektieren Sie zum Abschluss Ihre Antwort zu T1. Bleiben Sie dabei oder nicht? Begründen Sie gegenüber Seneca.

Güterlehre

In der Güterlehre unterscheidet die Stoa das einzige und oberste Gut, das Sittlichgute, das die Eudaimonie (Glückseligkeit) sichert, von dem Übel und den äußeren Gütern, die für uns völlig gleichgültig sind, den Adiaphora. Sie tragen weder zur Glückseligkeit noch zum Unglück bei, wie z. B. die Gesundheit oder Wohlstand. Letztere sind Proegmena, d.h. sie werden von uns bevorzugt und sind naturgemäß, während z. B. exorbitanter Luxus zu den Apoproegmena, den naturwidrigen und zurückgestellten Adiaphora, gehört. Auch bei den Handlungen machen die Stoiker einen tiefen Schnitt zwischen den Katorthomata, den absolut vollkommenen Handlungen des Weisen, und den Kathekonta, den naturgemäßen und zukommenden Handlungen, und den Hamartemata, den Fehlern, wie z. B. dem Anhäufen von Reichtum.

Text 7, epist. 23, 2 - 4

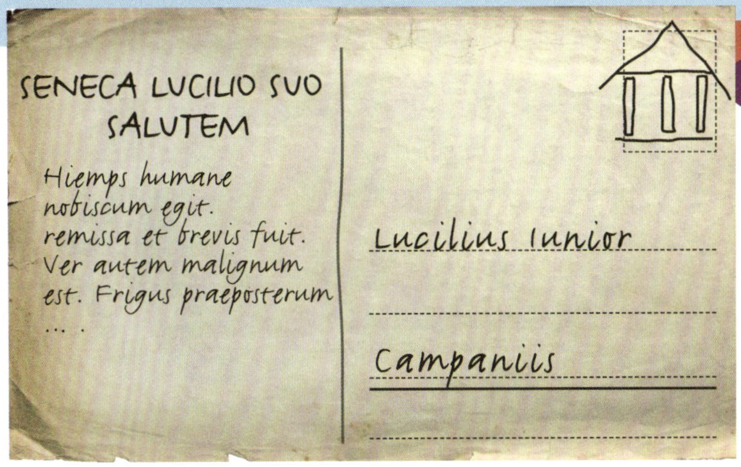

Vorüberlegung

Erschließen Sie den Text auf der Ansichtskarte. Seneca warnt Lucilius am Anfang des Briefes, dass er nicht glauben solle, dass er ihm so etwas schreibe. Erläutern Sie, was der Zweck der senecanischen Briefe ist und was Sie erwarten.

Ego vero aliquid, quod et mihi et tibi prodesse possit, scribam. Quid autem id erit, nisi ut te exhorter ad bonam mentem? Huius fundamentum quod sit, quaeris? Ne gaudeas vanis. Fundamentum hoc esse dixi: culmen est. Ad summa pervenit, qui scit, quo gaudeat, qui felicitatem suam in aliena potestate non posuit; sollicitus est et incertus sui, quem spes aliqua proritat, licet ad manum sit, licet non ex difficili petatur, licet numquam illum sperata deceperint. Hoc ante omnia fac, mi Lucili: disce gaudere. Existimas nunc me detrahere tibi multas voluptates, qui fortuita summoveo, qui spes, dulcissima oblectamenta, devitandas existimo? Immo contra nolo tibi umquam deesse laetitiam. Volo illam tibi domi nasci: nascitur, si modo intra te ipsum fit. Ceterae hilaritates non implent pectus; frontem remittunt, leves sunt, nisi forte tu iudicas eum gaudere, qui ridet: animus esse debet alacer et fidens et supra omnia erectus. Mihi crede, verum gaudium res severa est. An tu existimas quemquam soluto vultu hilariculo mortem contemnere, paupertati domum aperire, voluptates tenere sub freno, meditari dolorum patientiam? Haec qui apud se versat, in magno gaudio est, sed parum blando.

incertus sui seiner selbst unsicher • propritare reizen, locken • licet *m. Konj.* mag auch ..., wenn auch ... • non ex difficili petere unschwer erreichen • fortuita *n Pl.* Zufälligkeiten • oblectamentum Vergnügen • devitare meiden

hilaritas, hilaritatis *f* Frohsinn, Heiterkeit • frontem remittere die Stirn glätten, die Sorgenfalten beseitigen • fidens (sibi) voll Selbstvertrauen

hilariculus fröhlich, heiter • frenum Zügel • meditari einüben • versare überlegen

T1 a) Lesen Sie den lateinischen Text. Ermitteln Sie das dominierende Sachfeld und die Wiederholungen. Formulieren Sie eine Überschrift.

Überschrift: ______________________________

b) Versuchen Sie, die herausgesuchten Begriffe in eher positiv konnotiert- bzw. eher negativ konnotiert aufzuteilen.

I1 Senecas Briefthemen: Nicht das Wetter, sondern die bona mens

a) Wie erreicht man die bona mens? Erklären Sie. Berücksichtigen Sie dabei auch epist. 16, 1 und T1

b) Was versteht Seneca unter verum gaudium res severa est?

I2 Vergleich Stoa – Epikur

Vergleichen Sie die in dieser Textstelle vorgetragene Auffassung Senecas mit den Vorstellungen Epikurs, erläutern Sie Unterschiede in den Zielen der Philosophie, aber auch Gemeinsamkeiten. (→ Hellenistische Philosophie, S. 6)

	Stoa (Seneca)	Epikur
Naturlehre		
Ethik a) höchstes Gut, b) Ziel des Menschen, c) Seele, d) Staat		

I3 Spaß mit Seneca?

Nehmen Sie – nachdem Sie eines der folgenden Lieder oder Ihr eigenes Gute-Laune-Lied angehört haben - Stellung zur „wahren Freude" der Stoiker!

Text 8, epist. 24, 18 und 20

Vorüberlegung

In Brief 24 wird die Frage aufgeworfen, welche Ängste die Menschen umtreiben und wie sie damit umgehen sollen. Überlegen Sie, welche Ängste die Menschen am meisten bewegen.

Non sum tam ineptus, ut Epicuream cantilenam hoc loco persequar et dicam vanos esse inferorum metus, nec Ixionem rota volvi nec saxum umeris Sisyphi trudi in adversum nec ullius viscera et renasci posse cotidie et carpi: nemo tam puer est ut Cerberum timeat et tenebras et larvalem habitum nudis ossibus cohaerentium. Mors nos aut consumit aut exuit; emissis meliora restant onere detracto, consumptis nihil restat, bona pariter malaque summota sunt. (...)

Cotidie morimur; cotidie enim demitur aliqua pars vitae, et tunc quoque cum crescimus vita decrescit. Infantiam amisimus, deinde pueritiam, deinde adulescentiam. Usque ad hesternum quidquid transit temporis, perit; hunc ipsum, quem agimus, diem cum morte dividimus. Quemadmodum clepsydram non extremum stilicidium exhaurit sed, quidquid ante defluxit, sic ultima hora, qua esse desinimus, non sola mortem facit sed sola consummat; tunc ad illam pervenimus, sed diu venimus.

ineptus dumm • cantilena alte Leier • vanus leer, unbedeutend • Ixion Ixion • rota Rad • Sisyphus Sisyphos • in adversum nach oben • trudere drängen • viscera Eingeweide • renasci nachwachsen • carpere pflücken, fressen • larvalis habitus nudis ossibus cohaerentium Geisterspuk der Gerippe • consumere vernichten • exuere freimachen • emittere = exuere • summovere (-movi,- motum) entfernen • demere wegnehmen • decrescere abnehmen, schwinden • infantia Kleinkindalter

pueritia Kindheit • adulescentia Jugend • hesternus gestriger Tag • usque ad hesternum ... perit *konstruiere*: quidquid temporis usque ad hesternum transit, perit • stilicidium Wassertropfen • clepsydra Wasseruhr • defluere wegfließen • consummare abschließen

T1 a) Untersuchen Sie den Text auf Sachfelder und Rekurrenzen. Erläutern Sie, um welche Ängste des Menschen es in dem Text geht.

b) Erklären Sie die Vorstellungen der Antike im ersten Abschnitt.

c) Überlegen Sie - gegebenenfalls mit Ihrem Lernpartner -, welche Vorstellungen Sie zu diesem Thema haben.

Ü **Mors nos aut consumit aut exuit ...**
Bestimmen Sie die Satzglieder in diesem Satz.

Emissis meliora restant onere detracto,

consumptis nihil restat.

I1 Überschrift gesucht

a) Geben Sie die zentralen Aussagen des Textes wieder.

b) Erläutern Sie, welche Haltung Seneca zum Thema hat.

c) Vergleichen Sie die Aussagen mit Text 1 (→ S.8).

I2 Platon und Seneca

a) Untersuchen Sie die Stilistik in Senecas Passage (Z. 6-8) und erläutern Sie die Bedeutung.

b) Platon lässt Sokrates in der Apologie 40cff. über den Tod sagen:

„Denn eins von beiden ist das Totsein: entweder so viel als nichts sein noch irgendeine Empfindung von irgendetwas haben, wenn man tot ist; oder, wie auch gesagt wird, es ist eine Versetzung und Umzug der Seele von hinnen an einen andern Ort."

Erklären Sie, was Platon und Seneca (s. Z. 6-8, s.o. Ü) in diesen Passagen über den Tod sagen.

I3 Der Sinn des Todes

Im Folgenden lesen Sie Ansichten berühmter Philosophen aus verschiedenen Jahrhunderten zum Tod. Suchen Sie sich ein Zitat/eine Ansicht heraus und schreiben Sie einen kurzen Essay dazu. Beachten Sie auch T1.

Epikur und der Tod
Die Epikureer glaubten, dass die Seele sich nach dem Tod wieder auflöse. Da nach dem Tod nichts kommt, braucht man sich vor ihm auch nicht zu fürchten. Da nach dem Tod nichts kommt, braucht man auch nicht auf ein besseres Leben danach zu hoffen.

Epikur zur Todesfurcht im Brief an Menoikeus: „Das schauerlichste Übel also, der Tod, geht uns nichts an; denn solange wir existieren, ist der Tod nicht da, und wenn der Tod da ist, existieren wir nicht mehr."

In Simone de Beauvoirs Roman „Alle Menschen sind sterblich" ist der Held Fosca vor sechs Jahrhunderten unsterblich geworden. Aber so glücklich ist er nicht darüber.

Text 9, epist. 28, 1 – 2, 3b – 5

T1 Vorüberlegung – Reisen

Mehr denn je ist die ganze Welt unterwegs. Was sind Gründe für das Verreisen in heutiger Zeit?

Vermutung: ______________________________

Hoc tibi soli putas accidisse et admiraris quasi rem novam, quod peregrinatione tam longa et tot locorum varietatibus non discussisti tristitiam gravitatemque mentis? Animum debes mutare, non caelum. Licet vastum traieceris mare, licet, ut ait Vergilius noster „ terraeque urbesque recedant“. Sequentur te, quocumque perveneris, vitia. Hoc idem querenti cuidam Socrates ait: „Quid miraris nihil tibi peregrinationes prodesse, cum te circumferas? Premit te eadem causa, quae expulit.“ Quid terrarum iuvare novitas potest? Quid cognitio urbium aut locorum? In irritum cedit ista iactatio. Quaeris, quare te fuga ista non adiuvet? Tecum fugis. Onus animi deponendum est: non ante tibi ullus placebit locus. (...) Vadis huc illuc, ut excutias insidens pondus, quod ipsa iactatione incommodius fit, sicut in navi onera immota minus urgent, inaequaliter convoluta citius eam partem, in quam incubuere, demergunt. Quicquid facis, contra te facis et motu ipso noces tibi; aegrum enim concutis. At cum istuc exemeris malum, omnis mutatio loci iucunda fiet; in ultimas expellaris terras licebit, in quolibet barbariae angulo colloceris, hospitalis tibi illa qualiscumque sedes erit. Magis, quis veneris quam quo, interest, et ideo nulli loco addicere debemus animum. Cum hac persuasione vivendum est: „Non sum uni angulo natus, patria mea totus hic mundus est“. Quod si liqueret tibi, non admirareris nil adiuvari te regionum varietatibus, in quas subinde priorum taedio migras; prima enim quaeque placuisset, si omnem tuam crederes. Nunc non peregrinaris, sed erras et ageris ac locum ex loco mutas, cum illud, quod quaeris, bene vivere, omni loco positum sit.

quasi wie eine ... • quod dass • peregrinatio 📖 • discutere (discutio, discussi) zerschlagen, beseitigen unterdrücken • varietas *hier* Wechsel
licet traieceris = licet, ut traieceris magst du auch überqueren • quocumque wohin auch immer, überall, wohin • per-venire • circum-ferre herumtragen •

cognitio Kenntnis, Bekanntschaft (mit) • in irritum in die Erfolglosigkeit, das Misslingen • iactatio das Hin-und Herwerfen •huc • illuc hierhin und dahin • insidere auf etwas sitzen, festsitzen • pondus, eris *n* Gewicht • excutere abschütteln • immotus unbeweglich • inaequaliter *Adv.* ungleich • convolutus verpacken • incumbere (incumbo, incubui) sich hinneigen, herabbeugen • demergere eintauchen, untertauchen • aeger der Kranke • concutere erschüttern, aufrütteln • eximere wegnehmen, beseitigen • in ultimas expellaris terras licebit du magst in die entferntesten Länder vertrieben werden • quilibet welcher auch immer, jeder beliebige • barbaria 📖 • angulus 📖 • collocari sich niederlassen• qualiscumque wie auch immer beschaffen (er ist) • quis *hier* als wer • addicere weihen, widmen, hingeben • persuasio *Subst. zu* persuadere • liquet es ist klar • subinde immer wieder, wiederholt • taedium Überdruss, Abneigung • priorum (regionum) • prima quaeque gerade die beste (Gegend) • si omnem tuam crederes wenn du dächtest, sie sei ganz die deine • cum *m. Konj.* obwohl, während, wobei doch

Römischer Reisewagen. Eingelassen in die Außenfassade der Propstei- und Wallfahrtskirche, Maria Saal (Kärnten).

T2 a) Übersetzen Sie den ersten Satz/die Einleitung des Briefes: Welche zwei Themen entfaltet Seneca? Tragen Sie die Textbelege als Überschrift in die Tabelle ein.

Thema 1:	Thema 2:
Begriffe und Metaphern	Begriffe und Metaphern

b) Lesen Sie den gesamten Text durch und achten Sie darauf, durch welche Begriffe diese beiden Themen im Text entfaltet werden. Ordnen Sie diese in der Reihenfolge des Textes in der Tabelle zu.

c) Beim Lesen des Textes fallen vielleicht bildhafte Ausdrücke und Metaphern auf. Ordnen sie diese in der Tabelle zu. Markieren Sie die schon jetzt erkennbaren Antithesen im Gedankengang.

d) Formulieren Sie Ihr erstes Textverständnis in eigenen Worten.

Ü1 Monosemieren

Die bildhafte Sprache Senecas lädt dazu ein, kreative Übersetzungen zu finden. Überlegen Sie jeweils, was im Kontext gemeint sein könnte und suchen Sie eine geeignete Übersetzung.

cognitio urbium et locorum (Z. 9)	
gravitas mentis (Z. 3)	
onus animi (Z. 11)	
regionum varietas (Z. 23)	
terrarum novitas (Z. 8/9)	

Ü2 Dativ – nur welcher? Kreuze an.

Wiederholen Sie Formen und grammatische Funktionen des Dativs und entscheiden Sie.

	Dativ-Objekt	Dativus commodi/incommodi
Hoc idem querenti cuidam Socrates ait (Z. 6/7)	☐	☐
Hospitalis tibi ulla qualiscumque sedes erit (Z. 19)	☐	☐
Ideo nulli loco addicere debemus animum (Z. 20)	☐	☐
Non sum uni Angulo natus (Z. 20/21)	☐	☐

I1 Überreden oder überzeugen?

Beurteilen Sie nach der Lektüre: Versucht Seneca den Leser zu überzeugen oder ist es eher ein Überreden? Begründen Sie Ihre Auffassung.

I2 Die Lucilius-Briefe modern

Der italienische Autor Luciano de Crescenzo leitet sein Buch „Die Zeit und das Glück" mit dem Gedankenspiel ein, man habe „im Keller seines Hauses an den Kaiserforen in Rom" „eine Kiste mit alten Pergamenten" gefunden. Er glaubt, dass es sich um die Antwortbriefe des Lucilius handelt. Versetzen Sie sich in die Rolle eines römischen Nobilis und schreiben Sie einen Leserbrief an Seneca. Beachten Sie dabei den Infokasten. Mit Ihrer Leseerfahrung mit Seneca wissen Sie nun sicher, wie dieser Brief fortzusetzen ist.

Reisen in der Antike

In der Antike gab es „Dienstreisen" der Kaiser und Beamten in die Provinzen, es gab Reisen in diplomatischer Mission, Güter wurden inspiziert, man reiste, um Vorträge zu halten oder zu hören, viele unternahmen Bildungsreisen, z. B. zu berühmten Redelehrern auf der Insel Rhodos, oder reisten zum Sightseeing berühmter Stätten, z. B. in Griechenland. Zu den wichtigsten Sehenswürdigkeiten gab es einen Reiseführer von Pausanias. Die Angehörigen der Oberschicht nutzten die römischen Feiertage für eine Reise auf ihren Landsitz, so besuchte Cicero sein Tusculanum oder Arpinum, um sich dort mit Gleichgesinnten zu Gesprächen zu treffen. Auch der Ort Baiae am Golf von Neapel war als Reiseziel sehr beliebt. Wer in der Armee diente, kam viel herum und viele ließen sich nach Ende der Militärzeit an den letzten Standorten nieder.

Text 10, epist. 41, 6, 7b - 8

Vorüberlegung

Sammeln Sie - ggf. im Lateinkurs -, welche Auffassungen es zur Frage „Was ist der Mensch?" gibt! Überlegen Sie auch, was den Menschen Ihrer Meinung nach von Tieren oder einer KI unterscheidet - oder eben auch nicht!

Quis est ergo hic animus? Qui nullo bono nisi suo nitet. Quid enim est stultius quam in homine aliena laudare? Quid eo dementius, qui ea miratur, quae ad alium transferri protinus possunt? Non faciunt meliorem equum aurei freni. Aliter leo aurata iuba mittitur, dum contractatur et ad patientiam recipiendi ornamenti cogitur fatigatus, aliter incultus, integri spiritus: hic scilicet impetu acer, qualem illum natura esse voluit, speciosus ex horrido, cuius hic decor est, non sine timore aspici, praefertur illi languido et bratteato. Nemo gloriari nisi suo debet. (...)

In homine quoque id laudandum est, quod ipsius est. Familiam formosam habet et domum pulchram, multum serit, multum fenerat: nihil horum in ipso est, sed circa ipsum. Lauda in illo, quod nec eripi potest nec dari, quod proprium hominis est. Quaeris quid sit? Animus et ratio in animo perfecta. Rationale enim animal est homo; consummatur itaque bonum eius, si id implevit, cui nascitur. Quid est autem, quod ab illo ratio haec exigat? Rem facillimam, secundum naturam suam vivere. Sed hanc difficilem facit communis insania: in vitia alter alterum trudimus. Quomodo autem revocari ad salutem possunt, quos nemo retinet, populus impellit? Vale.

nitere glänzen • aliena *Akk. Pl.* fremde Dinge

quid eo dementius, qui ... Was ist verrückter als das, nämlich wenn einer • transferre = trans+ferre • melior *Komp. von* bonus • frenus Zaumzeug, Zügel • aliter ... aliter auf die eine Art und Weise ... auf die andere Art und Weise • leo aurata iuba Löwe mit einer vergoldeten Mähne • contractare streicheln • patientia 📖 • ornamentum Schmuck, Ausstattung • fatigatus ermüdet, erschöpft • incultus 📖 • integri spiritūs Gen. qual. mit ungebrochenem Instinkt • qualis, e *Adj.* so beschaffen wie • speciosus ex horrido sehenswert aufgrund seiner Schrecklichkeit • decor Zierde, stattliches Aussehen • languidus schläfrig • bratteatus mit Goldplättchen belegt • gloriari sich rühmen

quod ipsius est was ihm selbst zu eigen ist formosus ansehnlich • serere sähen • fenerare Geld auf Zinsen ausleihen • circa 📖 • laudā *Imp.* laudare • proprium 📖 • bonum consummatur das Gute wird zu seinem Gipfel/zu seinem Höhepunkt geführt • implere erfüllen • cui nascitur für das er geboren ist secundum 📖 • insania 📖 • trudere stoßen, drängen

T1 Sachfelder

Sammeln Sie alle Wörter und Bilder, die über die Wesensbestimmung des Menschen bzw. über das Gegenteil Auskunft geben!

Der Mensch ist	Der Mensch ist nicht

Ü1 Finden Sie die Pronomina in der Wortschlange, klassifizieren und bestimmen Sie diese nach Kasus, Numerus und Genus.

suoipsieiusalteriuscuihorumeisua

Ü2 Steigerungsformen!

stultius - proprius - eius - melior - glorior - facillimus - difficilius - ipsius - dementius

a) Unterstreichen Sie die Steigerungsformen.

b) Suchen Sie die Steigerungsformen im Text und erläutern Sie ihre Funktion.

I1 Das Ziel des Menschen

a) Beantworten Sie mit einem Schlüsselsatz die Frage, wonach der Mensch – nach Seneca - streben soll!

b) Erläutern Sie diesen Schlüsselsatz mithilfe der stoischen Philosophie! Beachten Sie dafür den Infokasten.

Lösung:

Arete

Senecas Wesensbestimmung des Menschen beruht auf griechischer Philosophie. Für Aristoteles oder auch Platon bedeutet die Arete einer Sache die Erfüllung ihrer Wesensbestimmung. Ein Messer ist gut, wenn es gut schneidet, ein Auge, wenn es gut sieht. Die Wesensbestimmung des Menschen ist nach Aristoteles oder auch Platon die Verwirklichung der Vernunftbegabung durch ein vernunftgemäßes Leben. Die lateinische Übersetzung von arete ist virtus.

I2 Inhalt und sprachliche Form

a) leo aurata iuba – Zeichnen Sie den Menschen, wie er nach Seneca sein soll und wie er nicht sein soll.

b) Erklären Sie die Funktion der Tiermetaphern.

c) Benennen Sie Beispiele für die drei Stilmittel „rhetorische Frage, Sentenz, Analogie" und erläutern Sie ihre Funktion für die Darstellung.

I3 Nachhaltigkeit und Seneca

a) Informieren Sie sich über die Ziele der Agenda 2023, z. B. auf der Seite des Bundesministeriums für wirtschaftliche Zusammenarbeit (https://www.bmz.de/de/agenda-2030).

b) secundum naturam suam vivere – eignet sich diese Sentenz von Seneca als Überschrift für die 17 SDGs? Erstellen Sie ein Gutachten dazu für die UNESCO.

secundum naturam vivere?

I4 Seneca – ein typischer Vertreter der Antike?

Die griechische Tragödie hat sich auch schon mit der Wesensbestimmung des Menschen beschäftigt. Im ersten Stasimon der sophokleischen Antigone wird der Mensch deinos (gewaltig, d. h. großartig und fürchterlich zugleich) genannt. Lesen Sie das Stasimon (z. B. im Internet). Schreiben Sie Ihre eigene Strophe/Ihr eigenes Chorlied zu Ihrer Auffassung vom Menschen.

T1 Wie in den meisten Briefen eröffnet Seneca sofort mit dem Thema des Briefes. Lesen Sie die ersten fünf Zeilen. Um welches Thema geht es in diesem Brief?

____

SENECA LUCILIO SUO SALUTEM

Libenter ex iis, qui a te veniunt, cognovi familiariter te cum servis tuis vivere: hoc prudentiam tuam, hoc eruditionem decet. "Servi sunt." Immo homines. "Servi sunt." Immo contubernales. "Servi sunt." Immo humiles amici. "Servi sunt." Immo conservi, si cogitaveris tantundem in utrosque licere fortunae. Itaque rideo istos, qui turpe existimant cum servo suo cenare: quare, nisi quia superbissima consuetudo cenanti domino stantium servorum turbam circumdedit? Est ille plus quam capit, et ingenti aviditate onerat distentum ventrem ac desuetum iam ventris officio, ut maiore opera omnia egerat, quam ingessit. At infelicibus servis movere labra ne in hoc quidem, ut loquantur, licet; virga murmur omne compescitur, et ne fortuita quidem verberibus excepta sunt, tussis, sternumenta, singultus; magno malo ulla voce interpellatum silentium luitur; nocte tota ieiuni mutique perstant. (...)

Vis tu cogitare istum, quem servum tuum vocas, ex isdem seminibus ortum, eodem frui caelo, aeque spirare, aeque vivere, aeque mori! Tam tu illum videre ingenuum potes, quam ille te servum. Variana clade multos splendidissime natos, senatorium per militiam auspicantes gradum, fortuna depressit: alium ex illis pastorem, alium custodem casae fecit. Contemne nunc eius fortunae hominem, in quam transire, dum contemnis, potes. (...) "Servus est." Sed fortasse liber animo. "Servus est." Hoc illi nocebit? Ostende quis non sit: alius libidini servit, alius avaritiae, alius ambitioni, omnes spei, omnes timori.

contubernalis Tischgenosse • tantundem ebenso viel • in utrosque beiden, bei dem einen und dem anderen • licere freistehen • ridere *m. Akk.* lachen über • consuetudo (*Personifikation*) Angewohnheit, Haltung • circumdare *m. Dat.* um etw., jdm. herum aufstellen • quare, nisi quia Warum? Es gibt keinen anderen Grund als dass • est *Kurzform von* edere essen • onerare beladen • distentus aufgebläht • desuetus iam ventris officio der schon von der Pflicht eines Bauches entwöhnt ist • ut maiore ... ingessit so dass • er *(der Dominus)* unter größerer Mühe alles wieder herausbringt, als er es eingeführt hat • virga die Rute, Peitsche • murmur, murmuris *n* das Murmeln • compescere • fortuita *n Pl.* Zufälligkeiten • verbera *n Pl.* Schläge • tussis, is *f* Husten • sternu(ta)mentum Niesen • singultus Schluchzen, Weinen • interpellare unterbrechen • luere büßen, bezahlen • ieiunus mit leerem Magen, nüchtern • mutus stumm • perstare dastehen • vis cogitare = cogita! ortum (esse) • ingenuus freigeboren • Variana clade der Verlust in der Varusschlacht, Niederlage in der ... • auspicari anfangen, beginnen • gradus senatorius Senatorenstand • facere *m. dopp. Akk.* machen zu • casa Hütte • dum während • hominem eius fortunae *Gen. qual.*

T2 Seneca, Lucilius und die anderen

a) Legen Sie eine Tabelle nach dem Muster an und ordnen Sie zunächst für den Textanfang zu: Was sagen Lucilius und Seneca, was sagen die anderen?

b) Welche weiteren Themen/Sachfelder in Bezug auf das Thema kommen im weiteren Text vor? Notieren Sie Textbelege in der rechten Spalte.

c) Gliedern Sie danach den Text aufgrund der Struktur (linke Spalte).

Abschnitt	Seneca und Lucilius	Die anderen Domini (Bezeichnung ...)	Sachfeld(er)

T3 Itaque rideo istos

a) Stellen Sie die im 2. Textabschnitt (rideo istos ... perstant) geschilderte Szene durch eine Zeichnung dar.

b) Stellen Sie heraus, wie Seneca das Verhalten des skizzierten dominus bewertet.

c) Erörtern Sie, welche Intention der Autor mit der Schilderung der Szene verfolgt.

Ü PC

Markieren Sie, wie im Beispiel, das Partizip und sein Bezugswort.

PPA PPA

Z 7: consuetudo cenanti domino stantium servorum turbam circumdedit.

Z 9: (Dominus) onerat distentum ventrem ac desuetum iam ventris officio.

Z. 14: magno malo ulla voce interpellatum silentium luitur.

Z. 20: Variana clade multos splendissime natos, senatorium per militiam auspicantes gradum, fortuna depressit.

I1 Die Haltung Senecas und ihre Begründung

a) Fassen Sie Senecas Auffassung zur Sklaverei und seine Argumente zusammen.

b) Antworten Sie begründet aus der Sicht Senecas: Kann man einen Sklaven zum Freund haben?

I2 Überzeugen oder Überreden?

a) Eine Definition und eine Rechtfertigung für die Sklaverei in der Antike kann man z. B. bei Aristoteles Politika (1252a 26-34) nachlesen. Demnach gibt es Menschen, die als Herren, und Menschen, die als Sklaven geboren werden. Vergleichen Sie diese Aussagen mit denen Senecas und bewerten Sie Senecas Haltung aus der Sicht der Antike und aus heutiger Sicht. Beziehen Sie den Infokasten mit ein.

Stoa und Sklaverei
Zenon, auf den sich die Stoiker als Gründer berufen, lehnte die Sklaverei aus drei Gründen ab: Sie mache den Weisen abhängig von den Diensten anderer und damit selbst unfrei, sie führe zur Unterordnung von Menschen und sie führe zum Besitz von Menschen. Zenon selbst hatte keinen Sklaven und lebte damit glücklich, wie Seneca lobend hervorhebt. Von Natur aus gibt es keine Sklaven, so die Meinung der Stoiker.

b) Sicherlich haben Sie nun selbst schon einen Brief an Seneca im Kopf mit der Frage: „Mi Seneca, cur servos servasque e servitute non liberas?" Verfassen Sie einen Antwortbrief Senecas.

c) Spätestens seit der Fußball-WM 2022 in Katar ist das Thema „Sklaverei" wieder in die Tagespresse geraten. Eigentlich wurde 1948 die Sklaverei weltweit durch die Vereinten Nationen abgeschafft. Aber auch heute gibt es noch moderne Formen von Sklaverei. Recherchieren Sie dazu z. B. mithilfe des "Atlas der Versklavung" der Rosa-Luxemburg-Stiftung oder im "Global Slavery Index" der Menschenrechtsorganisation „Walk Free". Nehmen Sie begründet Stellung.

Text 12, epist. 108, 17, 19-22a

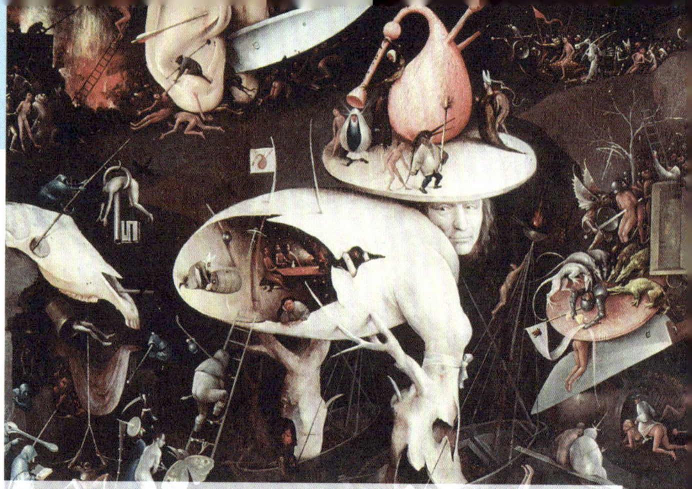

Hieronymus Bosch, Garten der Lüste, Ausschnitt aus dem rechten Flügel des Triptychon "Die Hölle", um 1500, Museo del Prado, Madrid.

Vorüberlegung

Gibt es Gründe, Vegetarierin oder Vegetarier zu sein – oder gar vegan oder auch fruktuarisch zu leben? Vergewissern Sie sich vor der Lektüre über Ihre eigene Position.

Sotion dicebat, quare ille (Phytagoras) animalibus abstinuisset (...) Pythagoras omnium inter omnia cognationem esse dicebat et animorum commercium in alias atque alias formas transeuntium. Nulla, si illi credas, anima interit, ne cessat quidem nisi tempore exiguo, dum in aliud corpus transfunditur. Videbimus, per quas temporum vices et quando pererratis pluribus domiciliis in hominem revertatur: interim sceleris hominibus ac parricidii metum fecit, cum possent in parentis animam inscii incurrere et ferro morsuve violare, si in quo corpore cognatus aliqui spiritus hospitaretur. Haec cum exposuisset Sotion et implesset argumentis suis, “Non credis”, inquit, “animas in alia corpora atque alia discribi et migrationem esse, quod dicimus mortem? Non credis in his pecudibus ferisve aut aqua mersis illum quondam hominis animum morari? Non credis nihil perire in hoc mundo, sed mutare regionem? Nec tantum caelestia per certos circuitūs verti, sed animalia quoque per vices ire et animos per orbem agi? Magni ista crediderunt viri. Itaque iudicium quidem tuum sustine, ceterum omnia tibi in integro serva. Si vera sunt ista, abstinuisse animalibus innocentia est; si falsa, frugalitas est. Quod istic credulitatis tuae damnum est? Alimenta tibi leonum et vulturum eripio.” His ego instinctus abstinere animalibus coepi, et anno peracto non tantum facilis erat mihi consuetudo sed dulcis. Agitatiorem mihi animum esse credebam nec tibi hodie adfirmaverim an fuerit. Quaeris quomodo desierim? (...)

Sotion *(Philosoph der pythagoreischen Schule. Pythagoreer aßen kein Fleisch)* • cognatio Verwandtschaft • commercium Verkehr, Austausch • transeuntium (*PPP*, s. *Ü1*) • cessare zurückbleiben • exiguus winzig • transfundere = trans+fundere • vices Wechsel, Abwechslung • pererrare = per+errare (*PPP* s. *Ü1*) domicilium 📖 • revertatur, fecit *Subjekt hier jeweils* anima • interim inzwischen, während dieser Vorgänge • parricidium Mord an einem nahen Verwandten • inscius unwissend • incurrere = in+currere • morsus das Beißen • in quo = in aliquo • cognatus aliqui irgendein Verwandter • hospitari 📖 • exponere darlegen • argumentis implere mit Argumenten auffüllen, ergänzen • discribere *hier* einreihen, einfügen • migratio 📖 • ferae wilde Tiere (in) aqua mersis im Wasser lebende *(eingetauchte)* Tiere • mundus Welt • nec *hier* und glaubst du nicht ...? • caelestia Himmelskörper *(Sterne und Planeten)* • per certos circuitus verti sich auf festen Bahnen bewegen • itaque iudicium quidem ... in integro serva Halte dein Urteil hier daher zurück, bei anderen Dingen aber urteile freimütig und unbelastet • innocentia Unschuld • frugalitas 📖 • credulitas 📖 • damnum Schaden • alimentum Nahrung • vultur Aasgeier • instinctus *PPP* angestachelt sein • peragere = per+agere • agitatus angeregt, lebhaft • adfirmare bestätigen

T Worum geht es? Satzstrukturen und Sachfelder

a) Untersuchen Sie den Text auf Sachfelder.

b) Gliedern Sie den Text aufgrund syntaktischer Merkmale (Satzbau, Wechsel der Personen, Konnektoren) in Sinnabschnitte.

Ü Attribute erkennen und zuordnen

Markieren Sie die Attribute (Substantive im Genitiv, Adjektive und Partizipien im gleichen Kasus wie das Bezugswort) und ordnen Sie diesen ihren Bezugswörtern zu.

Pythagoras omnium inter omnia cognationem esse dicebat et animorum commercium in alias atque alias formas transeuntium (Z. 1–2)

Videbimus, per quas temporum vices et quando pererratis pluribus domiciliis in hominem revertatur (Z. 4–5)

interim sceleris hominibus ac parricidii metum fecit (Z. 7–8)

I1 Eine Lebensweise – damals und heute

a) Stellen Sie die Begründungen, die im Text angegeben werden, in einer Concept Map dar. Berücksichtigen Sie T.

b) Sammeln Sie moderne Begründungen für Vegetarismus und vergleichen Sie diese mit der Antike.

Antike	Heutige Zeit

I2 Einbezug des Lesers

Durch welche sprachlichen Mittel wird der Leser immer mehr in den Gedankengang mit einbezogen?

I3 Quaeris quomodo desierim ... - die Fortsetzung des Briefs (c.22b-23a)

Quaeris quomodo desierim? In primum Tiberii Caesaris principatum iuventae tempus inciderat: Alienigena [tum] sacra movebantur et inter argumenta superstitionis ponebatur quorundam animalium abstinentia. Patre itaque meo rogante, qui non calumniam timebat sed philosophiam oderat, ad pristinam consuetudinem redii; nec difficulter mihi ut inciperem melius cenare persuasit ...

Du fragst, warum ich aufgehört habe? Meine Jugend war zu Beginn der Herrschaft des Tiberius. Damals wurden ausländische Religionskulte verdrängt und unter den Verdacht des Aberglaubens geriet auch der Verzicht auf das Verzehren von bestimmten Tieren. Auf Bitten meines Vaters, der freilich weniger um mich besorgt war als vielmehr die Philosophie hasste, kehrte ich zur früheren Gewohnheit zurück; und es war auch nicht besonders schwer, mich zu überzeugen, zu einer besseren Ernährung überzugehen.

a) Hat Seneca seine Ideale aufgrund einer politischen Karriere verraten? Erörtern Sie diese Frage auch unter Berücksichtigung der sprachlichen Darstellung seiner Begründung.

b) Welche Beispiele gibt es in Ihrer Umgebung dafür, dass Menschen sich von einem auf den anderen Tag geändert haben? Nennen Sie die Gründe und bewerten sie diese.

I4 Vegetarismus in Literatur und Karikatur

Berühmt ist die makabre Short Story „Pig" von Roald Dahl. Sie hat Leute bewegt, Vegetarier zu werden.

Die Karikatur Vegetarier-Poesie von A. Oberländer (1886) vertritt eine andere Auffassung.

Verfassen Sie eine Rezension zur Karikatur oder zur Short-Story aus Sicht des jungen oder alten Senecas.

Text 13, epist. 116, 1, 4 - 6

Vorüberlegung

Im letzten Brief dieser Textausgabe schreibt Seneca über „Affekte". Was verbinden Sie mit dem Wort? Überlegen Sie auch, welche Synonyme (Brötchen → Semmel, Knifte ...) Sie für das Wort „Affekte" kennen! (→ Infokasten)

Utrum satius sit modicos habere adfectus an nullos, saepe quaesitum est. Nostri illos expellunt, Peripatetici temperant. Ego non video, quomodo salubris esse aut utilis possit ulla mediocritas morbi. (...)

Seneca wendet sich Lucilius' Bedenken zu, dass Emotionen natürlich sind:

„Aliquatenus" inquis dolere, „aliquatenus timere permitte." Sed illud „aliquatenus" longe producitur nec, ubi vis, accipit finem. Sapienti non sollicite custodire se tutum est, et lacrimas suas et voluptates, ubi volet, sistet: nobis, quia non est regredi facile, optimum est omnino non progredi. Eleganter mihi videtur Panaetius respondisse adulescentulo cuidam quaerenti, an sapiens amaturus esset. „De sapiente" inquit „videbimus: mihi et tibi, qui adhuc a sapiente longe absumus, non est committendum, ut incidamus in rem commotam, inpotentem, alteri emancupatam, vilem sibi. Sive enim nos respicit, humanitate eius inritamur, sive contempsit, superbia accendimur. Aeque facilitas amoris quam difficultas nocet: facilitate capimur, cum difficultate certamus. Itaque conscii nobis inbecillitatis nostrae quiescamus; nec vino infirmum animum committamus nec formae nec adulationi nec ullis rebus blande trahentibus." Quod Panaetius de amore quaerenti respondit, hoc ego de omnibus adfectibus dico (...).

satius besser • modicus mäßig •
nostri die Unsrigen (*die Stoiker*) •
Perpipatetici die Peripatetiker (*die Anhänger des aristotelischen Peripatos (s. Einleitung)*)•
quomodo wie • salubris heilsam •
mediocritas Mäßigung, Mittelmaß •
aliquatenus bis zu einem gewissen Grad •
illud „aliquatenus" jenes „bis zu einem gewissen Grad" • ubi vis wo du willst •
sapienti ... non sollicite custodire se tutum est der Weise muss nicht beunruhigt über sich wachen • eleganter geschickt •
adulescentulus sehr junger Mann •
videbimus wir werden es sehen •
committere *hier* gestatten • incidere hineingeraten • commotus leidenschaftlich •
inpotens seiner/ihrer selbst nicht mächtig •
emancupatus dienend • in rem... vilem sibi in einen leidenschaftlichen Zustand, der seiner selbst nicht mächtig ist, einem anderen dient und sich selbst verachtet •
respicere beachten (*Subjekt ist der Geliebte*) •
irritare reizen •
contemnere verachten, ablehnen •
facilitas, facilitatis *f* Leichtigkeit •
difficultas, difficultatis *f* Schwierigkeit •
nocere schaden •
certare kämpfen •
imbecillitas, imbecillitatis *f* Schwäche •
infirmus schwach •
adulatio, adulationis *f* Schmeichelei •
blandus schmeichelnd

Affektenlehre der Stoa nach Chrysipp

Es gibt vier Hauptaffekte: Die Lust (hedoné), Schmerz (lype), Begierde (epithymía) und Furcht (phobos). Es handelt sich dabei um die Annahme eines gegenwärtigen bzw. zukünftigen Gutes oder Übels. Von den vier Affekten gibt es eine Fülle von Unterarten, z. B. sind Mitleid und Neid die Annahmen eines gegenwärtigen Übels (Schmerz) bzw. Gutes (Lust) bei jemandem anderen. Alle Affekte sind unbedingt verwerflich, da sie aus der Schwäche des Logos stammen. Die Stoa wendet sich gegen den Peripatos, der besagt, dass die Affekte notwendig sind und nur in den richtigen Grenzen gehalten werden sollen. Aber das Pathos kennt keine Grenzen, Affekte sind Krankheitserscheinungen des Logos und müssen ausgerottet werden. Gegen sie hilft nur die Prophylaxe und, sind sie einmal da, das Abwarten, bis sie nachlassen. Das Ziel der Stoa ist die völlige Freiheit von Affekten, die Apatheia. Der Stoiker ist aber auch kein Stein ...

Fred Yates, Felder der Vergebung, Öl auf Leinwand, in Privatbesitz.

T1 Übersetzen Sie den ersten Abschnitt!

a) Vervollständigen Sie die Tabelle.

AFFEKTE

modici	
	nostri, ego

b) Positionieren Sie sich – modici oder nostri?

T2 Achtung Textarbeit!

a) Notieren Sie sich wiederholende Worte.

b) Finden Sie heraus:

- Um welche Personen(gruppen) geht es?
- Um welchen Affekt geht es vor allem?
- Wie verhalten sich die Personen(gruppen) zu diesem Affekt?

Ü1 Markieren Sie Passivformen im Text! Wann werden sie verwendet?

Ü2 Architekturbüro „Komposita"

Suchen Sie aus dem Text möglichst viele Komposita heraus und erklären Sie die Zusammensetzung und die Bedeutung!

I1 Was sagt Epikur zur Lust?

Finden Sie anhand der Hellenistischen Philosophie (S. 6) heraus, welche Meinung Epikur zu den Affekten, insbesondere zur Lust, hat. Vergleichen Sie diese mit Senecas Haltung.

I2 Rational oder intuitiv?

Recherchieren Sie über die sogenannte „emotionale Wende" der Kognitionswissenschaften bzw. der Verhaltensforschung. Was würden heutige Kognitionswissenschaftler Seneca und den Stoikern antworten?

Heutzutage geht man davon aus, dass alle Entscheidungen bereits im limbischen System getroffen werden und dann nur noch rational begründet werden. Auch das Verstehen und Behalten geht viel leichter, wenn Affekte beteiligt sind.

I3 Love - Love - Love!

Schreiben Sie einen Limerick (5 Zeilen, Reimschema aabba, Pointe zum Schluss, Person und Ort werden genannt) zum Thema „Der Weise und die Liebe".

Der stoische Weise
Für die Stoiker kann eigentlich nur der Weise, der sapiens (Sokrates, Cato), nach der Vernunftnatur leben. Alle anderen sind Unweise, Toren. Aber es gibt im Reich der Unweisen den sittlichen Fortschritt der Prokoptontes (Fortgeschrittene: Seneca, Stoiker).

There was an Old Man with a beard, who said, "It is just as I feared!—
Two Owls and a Hen, four Larks and a Wren,
Have all built their nests in my beard!"

Der Weise und die Liebe

Am Ende des Bemühens steht die Erkenntnis ...

I1 Die Suche nach dem Glück: Rückmeldung an Seneca

Reflektieren Sie noch einmal Ihre Beantwortung der Frage nach dem glücklichen Leben (vom Beginn der Lektüre) und Ihre Ergebnisse auf der Sammelfolie.

Wählen Sie dann eine der folgenden Aufgaben:

a) „Vergessen Sie moderne Glücksratgeber und lesen Sie Senecas Briefe an Lucilius" – so beginnt ein Klappentext auf einer modernen Ausgabe von Senecas Briefen. Verfassen Sie einen Kommentar dazu.

b) Sie wurden aufgefordert, für die Zeitschrift „Philosophie heute" eine Rezension der Textausgabe „Seneca – Briefe an Lucilius" zu verfassen. Formulieren Sie im Wortlaut.

I2 Seneca – eine Philosophie nur für alte, weiße Männer?

a) Nehmen Sie Ihre Strukturskizze (→ Einleitung S. 6) und ergänzen Sie diese mit Aussagen Senecas, z. B. in Form einer Collage.

b) Sind die Gedanken der Hellenistischen Philosophie heute noch aktuell? Bereiten Sie eine Gesprächsrunde für ein philosophisches Café mit Seneca als Gesprächsgast vor. Wählen Sie weitere Gäste. Stellen Sie Ihr Produkt in der Lerngruppe vor.

Raffael, Die Schule von Athen, 1510/11, Fresko, Stanzen des Raffael.

I3 Seneca – Philosoph oder Literat?

In der Forschung besteht große Uneinigkeit darüber, ob Seneca überhaupt ein richtiger Philosoph ist. Erörtern Sie diese Frage exemplarisch anhand dieses Textausschnittes und der Aufgaben, die Sie bisher gelöst haben.

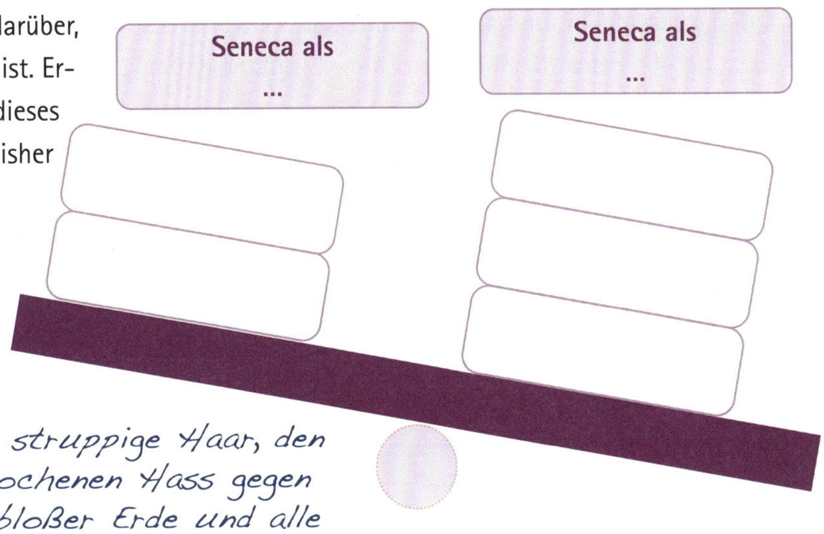

Meide die lumpige Kleidung, das struppige Haar, den verwilderten Bart, den ausgesprochenen Hass gegen alles Geld, das Nachtlager auf bloßer Erde und alle jene Irrwege, die ein verdrehter Ehrgeiz einschlägt. Ist es doch unser Grundsatz, naturgemäß zu leben. Aber es ist wider die Natur seinen Körper zu quälen, die einfachste Sauberkeit mit Widerwillen von sich zu weisen, den Schmutz zu bevorzugen und einer Kost zu huldigen, die nicht nur wohlfeil, sondern ekelhaft und widerwärtig ist.

(Anfang von Epistel 5, gekürzt)

I4 Bewertung von Senecas Person

Vergleichen Sie Senecas philosophische Aussagen mit seinem Leben (Tacitus imago vitae → Einleitung, S. 5). Welches Bild des Lebens hat Ihnen die Lektüre von Senecas Texten gezeigt?

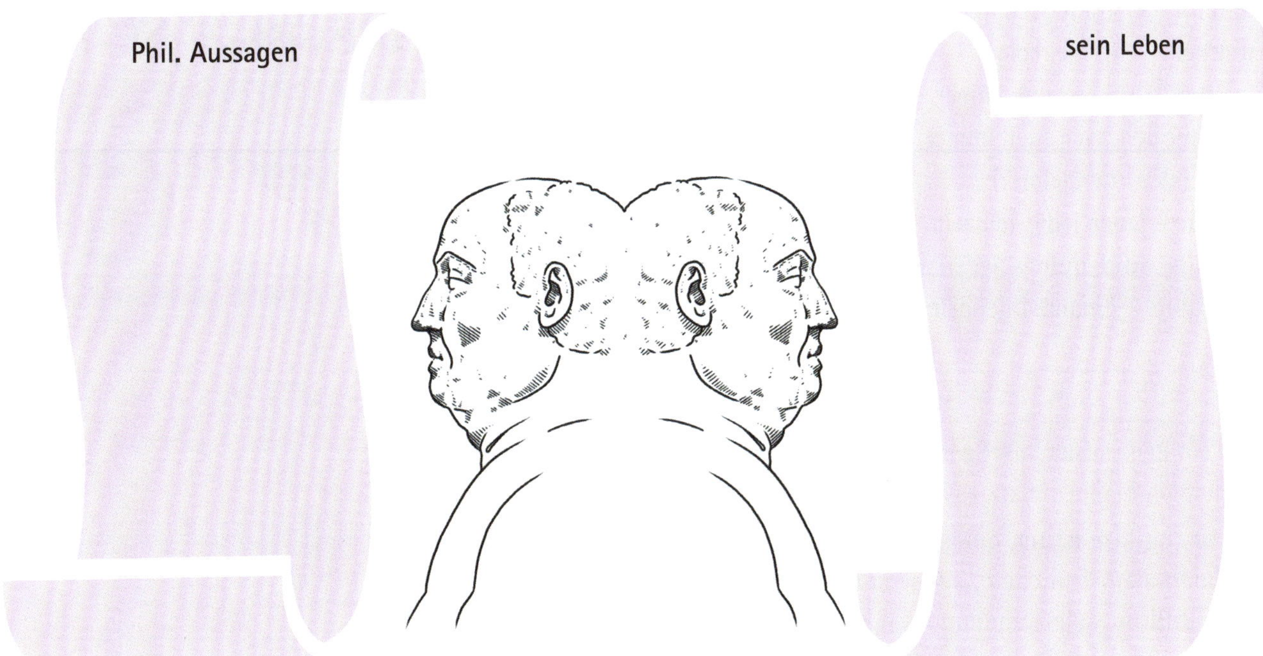

Die wichtigsten Pronomina auf einen Blick!

Alle Pronomina werden fast gleich **dekliniert**, d.h. überwiegend nach der a/o-Deklination. **Besonderheit:** Genitiv Sg. **-ius** und Dativ Sg. **-i** ; **-ibus** im Dat. und Abl. Plural. Bei manchen Formen Lautanpassung z. B. **eundem** statt eumdem oder **hunc** statt hum.

	ich – du		er – sie – es			Frage- und Relativpronomen		
Nom.	ego	tu	is	ea	id	qui Quis?	quae Quid?	quae
Gen.	me-i	tu-i	e-ius			cu-ius		
Dat.	mih-i	tib-i	e-i			cu-i		
Akk.	me	te	e-um	e-am	id	qu-em Quem?	qu-am	quod Quid
Abl.	me - cum	a te	e-o	e-a	e-o	quo	qua	quo
Nom.	nos	vos				qui	quae	quae
Gen.	nostr-um	...				qu-orum	qu-orum	qu-orum
Dat.	nobis					qu-ibus		
Akk.	nos					qu-os	qu-as	qu-ae
Abl.	a nobis					qu-ibus		

Ebenso dekliniert wird: **iste** (dieser da), **hic** (dieser), **ille** (jener), **ipse** (selbst)

Bedeutungsänderungen durch „Anhänger“:

Meist wird das Grundpronomen dekliniert, der „Anhänger“ bleibt:

i-dem, ea-dem, i-dem der-selbe (eius-dem....)

qui–dam – ein gewisser, irgendein

qui–libet – jeder beliebige

quo-libet – wohin auch immer, egal, wohin

qui–cumque – wer auch immer; jeder, der

ali-**qui (s)** – irgendein(er)

quis-que – jeder, jedes (einzelne)

quis-quis, **quid**-quid – jeder(s), der, wer(was) auch immer

quis-quam – jemand, irgendeiner (in verneinten Sätzen)

Hier ein Beispielsatz aus Seneca, ep. 47, der zeigt, dass viele verschiedene Pronomina in einem Satz zusammengefügt werden können:

Vis tu cogitare istum, quem servum tuum vocas, ex isdem seminibus ortum, eodem frui caelo, aeque spirare, aeque vivere, aeque mori! Tam tu illum videre ingenuum potes, quam ille te servum. (ep. 47)